高次のメッセージを伝えて悩みを解決してくれる

Part1

33人

プロフィール、得意とする相談内容、手法、料金、連絡先

見えない運気をつかみとり幸せになる!

「心とからだの悩み解消プロジェクト」特別取材班・編

本書を手にとっていただき、誠にありがとうございます。

小社がこのシリーズの編集を開始して10年になろうとしています。

多くの方々より支持され、さまざまな書籍をお届けしてきました。とりわけ今回は読者の皆様から沢山のご要望をいただいて、新たなプロジェクトに着手できました。心より感謝申しあげます。

また、今回は人の持つ波動にフォーカスし、その波動を向上させることで、真に人として成長することをテーマにしました。

目先のモノや利益にとらわれることなく、視野を広げ、人としてより高い次元を目指す生き方を求めました。このテーマに賛同いただいた先生方を取材し、出版に至ることができたことに深く感謝申し上げます。

振り返ると、20世紀は「物質の時代」でした。

科学が著しく進化し、飛行機や潜水艦が開発され、人は空へ海へと行動範囲を広げました。さらには、宇宙まで飛び出して、月に足跡を残しました。科学ですべてが解決できるという誤解さえも生まれました。

環境破壊も進み、20世紀の終わりになって、人類は反省する心を持つようになりました。

そして、来たるべき21世紀を「心の時代」にしようと期待する人々が現れます。

「スピリチュアル」はそんな心の時代を象徴するキーワードとなりました。小社もこの流れに共鳴し、スピリチュアルな考えを啓蒙し、拡大する活動を進めてまいりました。出版事業もその活動の一つです。スピリチュアルが重視され、世の中に必要になるにつれ、理解しやすい、利用しやすい形で紹介しています。

21世紀になっても人々の不安が消え去ることはありません。人は悩み、ストレスにさらされて生きています。自然の猛威も収まることはありません。人の欲が招いた破壊なのか、太古からの法則なのか、大きな災害が度々発生しています。これは日本に限ったことではありません。

歪んだ文明社会の中で、複雑化する利害関係、見えにくい将来像、壊れやすくなっている魂……。このような環境の中で、私たちはささいな悩みから、死に至るほどの心痛まで、多くの問題を抱えています。人々は新たな救いを求め、必要となっているのがスピリチュアリストたちの活躍なのです。

取材した先生方のアプローチは一様ではありません。手法にこだわることなく、ニュートラルな立場で、さまざまな先生にご登場いただきました。

例えば、卓越したヒーリング能力で、心と体を癒す先生がいます。霊感や霊視で、人生の過去や未来を視てアドバイスを提供します。

悩みや病の原因の多くは「ストレス」に起因するとして、解決に向かう先生がいます。人間関係や仕事・生活の分野を超え、自分の魂や先祖にまで着目し、ストレスを解消し、悩みを取り去ります。

堕天使のいたずらと捉え、その封印を解除する先生もいます。輪廻転生を繰り返す人類の中で、神から追放された堕天使の動きに注目し、そのいたずらから人間を解放します。

「気」の流れに起因すると説明する先生もあります。「気」は宇宙にあまねく流れているエネルギーであり、その流れの滞りを解消して、悩みの種を取り除きます。病気の原因は「気」の病、これを元に戻すことが「元気」なのです。

「心」の持ち方を変化させ、悩みや病気を解消しようとする先生もいます。薬やマッサージなどの対症療法は一過性でしかあり得ない。内側に焦点をあて、気付きを促すことで病気は改善していきます。

前世にフォーカスし、生まれいずる悩みや不安を解消する先生もいます。今のあなたには原因はない。自分を責めることはない。原因はいくつかの前世にあり、その前世を治癒し、現世の悩みを取り除きます。

星や星座のメッセージから解決へと導く先生もいます。星からのメッセージを伝えることもありますし、カードを用いて自分でリーディングすることもできます。

霊界からのメッセージを伝え、生きるアドバイスを与える先生もいます。人には守護神や守護霊がついており、あなたを助けようとしています。そのメッセージをあなたに代わって伝えるのです。

エンジェルにつながって、人生の解決策やアドバイスを伝える先生もいます。エンジェルもあなたを見守っています。

体内の「水」を浄化することで不調を解消する先生もいます。天からの声に従って井戸を掘り、それを相談者に与えて、驚くほどの効果をあげています。浄化された水は地域や国の平和にも役立っています。

これら、先生に共通しているのは、相談内容の解決に留まらず、人の波動を向上させ、人生の成長にまで貢献していることです。

目に見えるもの、さらには目に見えないすべてのものにエネルギーがあり、波動を発しています。すべてはエネルギーで構成されているといって過言ではありません。そして、すべてから波動が出ているのです。

その波動にはさまざまな種類や性質があり、人間の成長を大きく左右します。波動を高く保ち続けることで初めて高次元なものとつながります。天と共鳴して、人生が成功するのです。

波動が改善されることで引き寄せが発生し、運気が上昇します。不安がなくなり、ポジティブに生きていくことができます。

21世紀は心の時代であり、人々が成長する時代です。明るく希望に満ちた人生を送ることのできる時代です。

本書ではこのような時代を支援する先生を探し出し、紹介しています。人生の羅針盤を示し海路を開拓し、たくましく強く生きていくことを支援します。

本書で紹介している先生方は、あなたの悩みに寄り添い、新しい未来へとつなげてくれます。あなたの本音をまるごと受け止める準備をして待っていてくれます。あなたの不安や悩みから抜けだす叡智を教えてもらい、新たな一歩を踏み出しましょう。

本書によって皆様の人生が光り輝くものに進化することをお祈りしております。

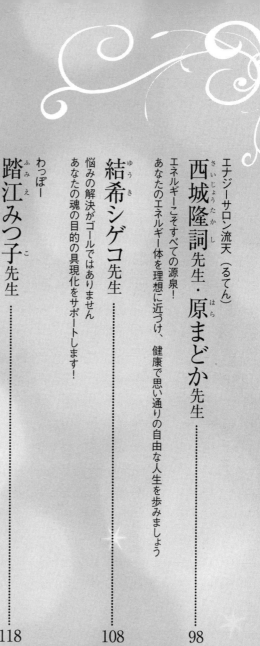

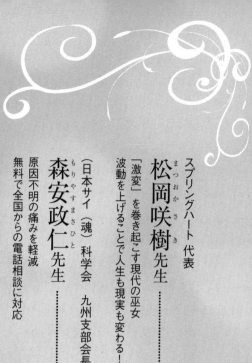

高次のメッセージで
あなたの人生を切り拓く
スペシャリスト
33人

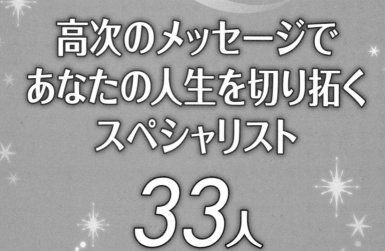

浅草から世界へ。エネルギーリーディング®と
ヒーラースピリチュアルアート®・メディカルアート®でグローバルに活躍

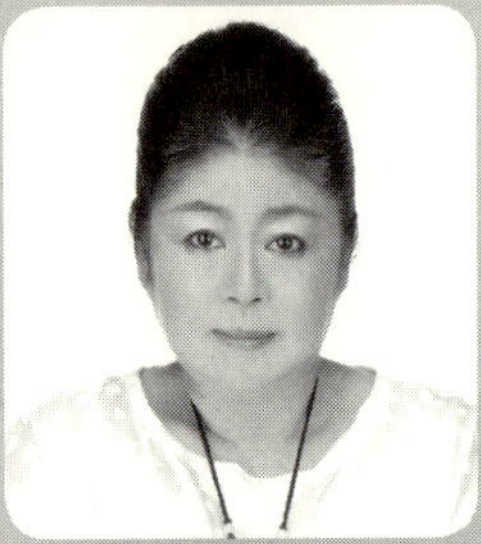

えるらんてぃ〜

森中《もりなか》めぐみ先生

得意とする相談内容：エネルギーリーディング®・チャネリングをしながら光と繋がり、思考調整（ネガティブな思考をポジティブにする。記憶力・集中力など…）・前世の因縁・心と魂の調整・インナーチャイルド・チャクラのバランス調整・先祖の因縁・先祖代々大御祓い・貧乏神を取り福の神と繋ぐ・家族の調和・浮気の縁切り・会社の経営（不況の原因を修正しながらアドバイス）子育ての悩み、不登校・ひきこもり、人間関係、心身の不調霊的な苦しみ、先祖のお祓い、家・会社のお祓い

施術手法：エネルギーリーディング®、スピリチュアルアート®、メディカルアート®その他

施術方法：対面、遠隔

時　　間：ショップ 10：00 ～ 17：00（セッション予約受付　10 時～ 18 時まで）（水曜日定休）

料　　金：エネルギーリーディング®（先祖のお祓いを含む）　52500 円（120 分間）
（先祖のお祓いを含まない）31500 円（120 分間）
家のエネルギーリーディング®100500 円
企業のエネルギーリーディング®210000 円～

住　　所：〒 111-0032 東京都台東区浅草 2 - 29 - 3 えるらんてぃ〜

電　　話：03 - 5828 - 3418　FAX 同じ

ホームページ：http：//www.eruranthy.jp/

メールアドレス：info@eruranthy.jp

「奇跡は起こります」と森中先生はさらりと断言する。これほど存在感がある笑顔で断言されると、信じざるを得ない。この奇跡は、先生の生き方にも現れている。

富山県の貧しい家庭で育ち、大好きな父親がお酒を飲むと、魔が入り込むのも分かっていた。41歳で浅草へ上京し16年が経つ。浅草花やしき通りにスピリチュアルショップをオープン。天からの声に従いヒーリングを提供するようになり、ショップはたちまち評判となり、業界ではその卓越した能力に注目が集まった。

■街の浄化

浅草での生活が落ち着いた頃だ。浅草にスカイツリーの建設が開始され、日本中から観光客が集まるようになった。宿泊施設や観光設備が整い、街が見違えるようにきれいになった。場末だと思われていた通りが、花やしき遊園地に隣接するメインストリートとなった。

かつては、夜間の嬌声や早朝に道ばたに倒れているホームレスもいるような環境であった。そんなホームレスや日中の酔っ払いがいなくなった。浅草で会合を繰り返している闇の組織の影もふっつりと消え、いかがわしい風俗店も映画館もなくなった。

浅草が徐々に明るくなったのである。

いつのまにか、浅草は世界的な観光地になってしまった。酔っ払いの格好の居場所だった浅草ホッピー通りに、各国から人が集まり、若い女性も連れだって訪れるようになった。

さらに、2020年の東京オリンピックの開催が決定した。日本を代表する観光地として、真っ先に注目されたのが浅草であった。

それまで多かったアジア系の観光客はもちろん、欧米人も増えた。バックパッカーの若者が多くなり、呼応するようにホステルなど低価格な宿泊施設が建設された。

浅草は大きく変わった。

「この浅草の中心に『えるらんてぃ〜』があります」と、森中先生はほほ笑む。

記者は浅草をしばしば訪れ、えるらんてぃ〜を訪問したのはかなりの回数になる。浅草を訪れるのは遊園地に娘を連れて行くのが目的であった。帰りに、えるらんてぃ〜を訪れ、パワーストーンタンブルを娘に買い与えるのである。まだあの頃は、遊園地も周囲の地域も、寂れかけているイメージが強かった。よくいえば古き良き時代の東京であり、悪く言えば萎縮する東京の象徴であった。子どもを連れて行くのにやや抵抗があった。

ところが、訪れるたびに街が明るくなる。この「明るい」というのが重要なキーワードだ。森中先生はすべてを明るくする類い希なる能力を持っている。

以前の浅草を知る人は驚くであろう。ホームレスや物乞い、競馬に心を奪われている人、日中から道ばたで酒をあおっている人、そんな人たちが一掃されたのである。

奇跡である。

家族連れや恋人、友だち同士が手を組み、外国人が肩を組んで歩いている。道ばたに落ちているゴミも商店会がまとまって清掃している。

この奇跡を呼び起こしたのがえるらんてぃ〜なのだ。「えるらんてぃ〜さんが顔を出してくれるとお客さんが来るから、ちょっとでいいから顔見みせてよ」など、周りの店主たちから声がかかるという。

浅草の母のような存在である。

■「スピリチュアルアート®・メディカルアート®」

小社のこのシリーズに、森中先生は度々ご登場いただいている人気のヒーラーである。しかし、今回のテーマは街の浄化ではない。森中先生が長く取り組んでいる絵画とこの絵画を基軸としたワールドワイドな活躍である。

前述のように先生は神のメッセージに導かれるように、本物のヒーリングを提供するようになった。これが「エネルギーリーディング®」であり、商標登録のマークを付けている。

やがて画も描くようになる。「画はね、父親から、将来画と文字で生きていくだろう！

成功へと導くガネーシャ

と、言われたのですよ。父親の言う通りになったような気がします」と、半分笑顔を見せながら、先生はつぶやくように言う。

先生の画は実にユニークだ。実際、ヒーラーで画を描く人は多い。それらの多くは透明で、鮮やかで、宇宙のイメージがある。いかにもスピリチュアルな精神に共鳴させるような絵がほとんどである。部屋に飾ったら空気が浄化され、チリ一つ存在しないようなすがすがしい気持ちになる絵がほとんどだ。

ところが、先生の画には独特の味がある。ユニークで温かい。エネルギーが溢れ、見ているだけで幸せな気分に浸れる。もしかすると、認められる前のゴッホやゴーギャンがこうであったかもしれない。

一般の西洋画に見られるような「美の極限」を目指したものとは、明らかに異なる。「スピリチュアルアート®・メディカルアート®」と商標登録したほどである。

この先生の絵が途方もないほどのパワーで御利益を発揮している。「絵にお願いして寝たら、39度あった熱が36度8分まで下がった」「毎日枕もとに置いて寝ています！　そのそばにチャクラブレスを置いたらすごく輝いてきれいになりました」「今週は毎日平和で、嫌なこともなく、仕事のイベントがあったのですが、順調で、とても幸せな一週間を過ごすことができました」「私は先生の画に励まされ、以前より娘を温かく見守ることができているような気がします」という勢いである。

■ワールドワイドで活躍

いよいよ先生の「スピリチュアルアート®・メディカルアート®」によるワールドワイドなストーリーのはじまりである。天の声に従った自動書記によって画を描き始めたのは10年ほど前になる。これら絵画が海外から認められ、イベントに呼ばれるようになった。

●韓国

最初は韓国であった。韓国への出展を受け、韓国でグランプリをいただいた。

２０１１年の東日本大震災の年で、韓国現地で多くの人が募金に協力してくれた。

●タヒチ

タヒチとも縁が深い。ゴーギャンが才能を発揮した場所である。タヒチへ旅立ったのは２０１５年４月７日から。画の出展は「白龍・金龍・不動明王」「ゴージャス高貴な白龍姫」をペアで持ち込んだ。場所は、パペーテ市庁舎（タヒチ・首都パペーテ市内）である。

タヒチ&日本交流会は4月13日。ル・メリディアンホテルにはテレビ局が来ていた。夜の6時からのＴＶ放送で、ポール・ゴーギャ

心と魂の若返り（観音様&金龍）

ゴーギャンの孫マルセル・タイ氏との交流

ンの孫である、マルセル・タイ氏と夕食交流会。タヒチアンダンスディナーショーも堪能できた。先生の画も飾られており、その前で記念写真。タヒチでは大統領にもお逢いしている。

●ローマ

「アートラベル展」で受賞しラベルとなる

2015年9月、ローマへ出展、これが縁となり、スイスからの誘いがあり、出展することになった。

●パリ　初回

2016年はフランスを二回訪れており、その一回目のこと。9月18・19日は〈ヨーロッパ文化遺産の日〉で、パリではワインのアートラベル展が開催されていた。森中先生は日本の文化と融合させた形で、日本酒〈ライスワイン）のアートラベル展で世界初の『恩送りライスワインアートラベル展』に出展し、高く評価され、「Paris世界平和スピリチュアルアート燦然芸術作家賞」を受賞している。

●パリ 二回目

２０１６年11月22日、パリ・シャルル・ド・ゴール空港２Eへ到着。この年二度目の訪問である。アパルトマンのようなホテルに到着、ぐっすり眠って、翌日はノートルダム・ダフリク大聖堂からボジョレー・モンメラ城を訪問した。「ノートルダム・ダフリク大聖堂で出会った光を見て、光と歩むことがすべてであることを確信できました」と先生は振り返る。

この日、ずいぶん歩いたが、足の痛みはまったくなかった。「神に導かれているのです」と語る。

興味深いのはこのフランスのイベントで

シャトー・ド・モンメラ アートラベル展でも入選!

ボジョレー地区の中でワイナリーとしても有名なモンメラ城

ヒーリングを現地の方々に提供したことだ。ヒーリングは欧米発の文化であり技術である。誰かもがすんなりと受け入れ、先生の技術の高さを評価し感謝された。エネルギーで海外の人とつながった気がしたという。

欧米ではヒーリングが医療行為として一般的でフランスでも保険が適用されている。フランス、ドイツ、イギリスなどはヒーリングの先進国なのである。

これら国々は、ヒーリング能力に対する採点が極めて厳しい。そのフランス人から森中めぐみ先生は高く評価された。日本初のヒーリングが世界で認められた貴重な瞬間だった。

フランスで高い評価をいただいた先生のヒーリング

■マザー・テレサの表紙を飾る

国際的な活動の一つとして、先生の画が「LOVE IN ACTION -The Story of Mother Teresa（愛の実践－マザー・テレサ物語）」の表紙を飾ったことを紹介したい。創立25年を迎えるアートジャーナル社では、1979年にノーベル平和賞を受賞され、本年度バチカン・ローマカトリック教会より正式に「聖人」として認定されるマザー・テレサの伝記本を出版した。その表紙の絵に選出されたのである。

マザー･テレサ物語の表紙を飾る

その解説には「一万人を超える日本人アーティストの中から国際芸術評議会により国際芸術親善大使として認定された一名の作家の作品が使われることとなっており、厳正なる選考により、森中めぐみ先生が国際芸術親善大使として認定された」と記されている。

「自分の波動が世界に広がっている」と実感したという。

先生自身の新たな書籍も刊行された。先生のワイドに展開される活躍が目の当たりにわかる内容だ。

先生の大きな特長に、施術と考え方が理論化されていることがある。すべてが神の啓示ではない。それを受け入れる理論が先生には用意されている。

スピリチュアルの世界では、技術のみが先行する先生と、理論のみが先行する先生に分けることができる。森中めぐみ先生は両者が見事に強調している珍しい例といえる。

このため、言うことにも行動にも矛盾がない。

■事例　不登校の解決

海外ばかりではない。国内の浄化活動も手掛けている。

例えば、2011年の3・11東日本大震災後は東北地方を旅した。この時は、宮城県の松島や岩手県の中尊寺にまで足を伸ばした。

2016年11月には、広島、山口、福岡、を訪ねた。「広島ドームを訪れ、さまよっている霊を浄化し、次の修行の場へと送り出しました」（森中先生）。12月には大きな地震のあった熊本、大分を旅している。

クライアントへの相談にも対応している。

例えば、不登校になった娘さんについて相談に来た女性がいる。聞くと看護学校に通っているという。エネルギーリーディング®で、その子の症状をたちまち癒した。

「ただ、看護学校はこの子に合わない。今では調理師学校に行って料理の道を目指しています」という。

興味深いのはその後の話である。その女性の夫が、妻や娘の変化に気が付いた。森中先生の画も部屋に飾られている。夫は今まで、スピリチュアルにはあまり興味がなかったが、妻と一緒に、自分も行ってみたいと思うようになった。そして今では、家エネルギーリーディング®後のアフター（６５００円）へ、楽しみに訪れるまでになっている。

さらには、これらの苦しみを排除し、解放することができる。それは、原因不明の痛みや病気、不眠、心の不調和、貧乏、人間関係、家族・夫婦の悩みなどである。

夫婦はこの効果を確認してからというもの、二人で毎月えるらんてぃ〜を訪れるようになっている。

■事例　ヒーラーの浄化

先生の特殊な能力は、一般人ばかりではなく、プロとして働いているスピリュアリストからも求められている。

これは地方でサロンを開いているヒーラー夫婦からの相談である。電話で相談をいただき、双方の名前と二親の名字を書いて郵送してもらった。夫婦二人とそれぞれの二親で、計六人の浄化である。

夫婦二人でヒーリングを提供しているのだが、クライアントの悪い霊を受け取ってしまうらしい。これによって体調を壊してしまったようだ。とりわけ夫は頑固で人の言うことを聞こうとしない。夫婦仲も悪くなり、家庭内別居の状態であった。

そこで、能力が秀でているという地元のヒーラーに浄化をお願いしたのだが、まったく回復が見られない。数回のセッションを前払いで、すでに数十万円を支払っているという。

森中先生がエネルギーリーディング®を提供するようになって、似せたメニューを掲げるヒーラーが増えた。地元のヒーラーもその一人らしい。

これは浄化と同時に夫婦のチャクラを調整することによって解決できた。

「チャクラの調整をする霊能力者は多いけれど、これはとても難しいことなの」と、森中先生は説明する。下手にいじることで、返って具合が悪くなってしまうこともある。

さらに「天と繋がる」と簡単にいうが、これも難しいことなのだと諭す。繋がり方、すなわち波動調整に失敗して、ヒーラー自らが体調を壊してしまうことが多い。このような発展途上にあるヒーラーからの相談も多く寄せられている。

「あなたの願いを祈ります。新月〜満月の祈り」

■施術の実体験

実際に、記者が施術の一端を体験させいただくことにした。先生の誘導に従って自分の先祖の状態を見ることができるのである。

こちらの二親の名字をいって、目をつぶりその状況を見る。すると、実に暗い。片方はやや明るみがあったが、片方は真っ暗であった。

「そうでしょう」と、先生は答える。「これを浄化して明るくするのです。試しに目の前にいる私の心と魂の光を見せて下さい！　と言って見て下さい。イメージしてください」

と先生は語る。そうすると眼前にぼんやり大きな明るい輪が開いた。この差には驚いた。

これを自宅に帰ってからやろうとしたが、再現できない。えるらんてぃ～で森中先生の目の前だから見えた現象なのだろう。

■体験談

●ヒーラー養成講座を受講して

今回のサードのアチューンメントでは、地球の中の様子を見せられた感じでした。

今までとは、まったく違っていました。

一回目では、火の玉がメラメラしていて、青い地球の中に神の目が見えました。

十字架が出てきて明るい光が入りました。

二回目では、赤黒いドロドロの全体（地球）に先の尖った十字架が点滅していて、途中から光が射して蛍光灯のような澄んだ光が射して、澄んだ神に目が澄んだきれいな目になりました。

三回目は、最初はモヤモヤ赤ちゃんのようなシルエットの手が二つ出て仲良く手を繋いでいました。

白い蛍光灯のようなクリアな光が地球を照らして、世界地図が光に照らされて……最後にきれいな平面な世界地図になっているのを遠くから見ていました。

今日からドロドロしている地球をヒーリングしたいと思います。

次回のエンジェルライトのアチューンメントを楽しみにしています。

ありがとうございました。

●Y・I様

前回は、三途の川とお地蔵様が見えたのですが、今回は前回とまったく違っていました。

ヒーリングでは、誰かが覗きこんでいました。

人が立ち代り覗いて威厳のある人から、白い髭の御爺さんから、次は女の人が立ち代り途中から万華鏡のようにチカチカ光っていました。

一回目は、紫の大きな光がどんどん降りて来たと思ったら、次は下から紫の光が湧き出て来ました。

二回目は、雲が流れて（右半分）雲の切れ間に観音様のような、オデコ、ホホ、目がハッキリ見えました。

強大に大きく大仏様位の大きさの観音様が金色で穏やかな感じでした。

三回目は、いやらしく取られると困るのですが、最初女性のおっぱいが現れました。

赤ちゃんたちが、物欲しげに見ています。

でも、赤ちゃんたちは抱かれています。

母親が本当の母親でなく、本当のお母さんのおっぱいを求めているように見えました。

後半は、ピンクの光からオレンジ色へと変わって夕陽のようできれいでした。

自己ヒーリングが今日から短くなるので嬉しいです。

次の、シルバーバイオレット、アバンダンティアが楽しみです。

●T・I様

いつも本当に有難うございます！

先生と出会い、背中を押され自分の未熟な部分のピースを補って頂き、たくさんの気づきのヒントをもらい訳がわからなくても先生の背中を見続けて来ました。

少しずつ…山が動く様に自分の周りが動き出して、変化していると、感じ始めていました…。

それでも、現実の出来事に振り回されて降り出しに戻ったりと諦めたり疑ったりしていました。

そんな時は試される様に体調が悪くなったり、気づきなさい！ と偶然が重なったりといろいろな出来事が起きました。

その度に先生の言葉に、ハッ！ と我にかえる思いでした。

今回のスーパームーンの祈りから、大きく事が動きました。

私の長年の最大の悩み…。仕事を全くせず、在籍しているだけだった兄が退職したいと言って来た事でした。

ここ何年も、兄に退職してもらう為には私は何をしたら良いのか…？ 沢山悩んで来ました。

先生の指導の下、ワンドやスピリチャルアート、パワーストーンが私を行きたい場所へ…行かなければならない場所へと導いてくれた様な感覚です。

これからも先生のご指導の下神々様に祈ります！

今回の新月〜満月の祈りで証明して頂いた様に…。

これからも、信じる、喜び、感謝の心をもって先生の様に不動心で強い人間、経営者になれる様努力致します！

本当に有難うございます！

これからもご指導宜しくお願い致します！

波動を上げる三種の聖水
「エンソフィックレイヒーリングモダリティ」で人類を救済

悦蘭のヒーリングワールド

原《はら》　エツコ先生

得意とする内容：体・心・魂のあらゆる悩みや不調に対応
施術手法：エンソフィックレイヒーリングモダリティ&その他諸々
施術方法：対面、電話、遠隔
時　　間：応相談　10：00～17：00　年中無休 個別相談可
料　　金：対面 10000 円～20000 円／ 60 分、電話 200 円／ 1 分

住　　所：〒277 - 0027　千葉県柏市あかね町 9 - 18
電　　話：占い・鑑定　04 - 7164 - 1371
ヒーリング関係 04 - 7169 - 1371
携帯　080 - 3310 - 1371
ホームページ：http://www.hara-e.jp/
メールアドレス：hara-e@jcom.home.ne.jp

これほど著しく進化しパワーアップしている先生を見たことがない。3度訪問しているが、その度に先生は清々しくなり、活動の幅も質も拡大させている。

1回目に訪れた時は、柏市に引っ越し「出雲御殿」を建設したばかりのころだった。出雲の神々が降臨し、エッコ先生は「出雲の紋のヒーリング」を提供していた。

2回目はその1年後。エッコ先生は、自宅前に新たに土地を購入し「悦蘭のヒーリングワールド」を建設していた。さらに、「白の水（しらのみず）」の井戸を掘り当て、三柱鳥居（みはしらとりい）を設けていた。

3回目に訪れた時は、井戸の数が3つに増えていた。自宅横に土地を得て「黄金の水」、「悦蘭のヒーリングワールド」横に土地を拡張し「生命の水（いのちのみず）」を掘り当てていた。それぞれに三柱鳥居を建てている。

「これで活動の土台ができあがりました。これから私は『エンソフィッククレイヒーリングモダリティ』により、世界中の方々の封印されたエネルギーを解放し、人間に本来与えられているギフトを取り戻します」と、にこやかに語る。

■水の惑星「地球」

エッコ先生は水の重要性を訴える。「地球は水の惑星です。地球上の生物はすべて、水から生まれています。人間の肉体も70％は水分からできています。水は私たちの生命とエネルギーの源なのです。水を清めることで、あらゆるトラブルを解決できます」と断言する。

ところが、今この水が汚されている。汚したものが人間の意識であり、人間の創り出した文明だ。そして、汚れた水を浄化するのがエツコ先生の掘り出した三種の聖水であり、先生は世界中を巡って散水しているのである。

地球上の水を汚したものに、人間の持つエゴがある。自分のことだけを考えて相手を思いやらない身勝手な考えだ。エゴは格差を生み、支配するものと支配されるものが生じた。

支配するものは自分のエゴを押し通すために、人間が本来持っている神性を否定する。支配されるものはその現実を受け入れ、自らの神性を捨て、それを当たり前と思うようになってしまった。

「人間は本来、神なのです。神と一体なのです。これが神性であり、生まれ持っているギフトです。このギフトを取り戻さなければなりません」(エッコ先生)

人には生まれ持った可能性があり、それぞれに資質や特長を持っている。これがギフトだ。例えば「絵を描くのがうまい人」がいる。「歌が上手な人」も「運動が得意な人」もいる。しかし、それら特質を生かせていない人がほとんどである。特質があることさえ認識していない人が多い。天から与えられたギフトを無駄にしているのだ。

これらは、一部の支配するものにマインドをコントロールされているからである。皆が自分の特質を存分に生かせるようになれば、支配するものたちは自分の取り分が減ってくる。だからより多くの人間を支配して、より多くの富を得るために、他の人間を制御しているのである。その結果、多くの人はギフト

大いなる存在と共に

を開花できず、輝くことも活躍することもできない。エネルギーが封印され、これが悪循環となり、格差はますます拡大している。

■波動を拡大する三種の聖水

「これら封印されたエネルギーを解放するのが三種の聖水です。聖水によって波動を広げるのです」とエッコ先生は語る。

水は恐ろしいほどのエネルギーを持っている。あらゆる生物を産んだ生命の源であると同時に、すべてを押し流す破壊力もある。

一方で、水が動きを失ってしまうと、よどんでしまいエネルギーを失う。人間の可能性の源となっている水が、よどんだ状態だ。ここに新たに波紋を与えるのがエッコ先生の三種の聖水だ。三種の聖水が持つ波紋に、人間の可能性が共鳴して、動きを取り戻す。本来持っているギフトに目覚め、挑戦する勇気が湧き上がってくる。「三種の聖水は『呼び水』。ピュアな水が、よどんでいた人間のエネルギーを活性化させる刺激剤になるのです」と先生は説明する。

人間は美であり、善であり、可能性のつぼみだ。これを開花させるのが三種の聖水だ。

エッコ先生はこの聖水を持ち、日本中はもちろん、1~2カ月に一度は海外へ赴き散水するようになった。

記者も訪問した際に、この水を飲ませていただいた。3種類それぞれに味が異なる。これは驚くほどだ。「白の水」は実にまろやかだ。ミネラル分が多いのか、甘みさえ感じられる。「黄金の水」は硫黄分の味がする。ほのかに匂いさえもする。不思議なりりしさがある。「生命の水」は透明だ。無味無臭であり、純粋な水のイメージがする。

3本の井戸、それぞれは数メートルほど離れているにすぎない。これほど近くにありながら、はっきりと違いがわかる個性を持っている。

これをお客様はそれぞれに飲んだり、好みに応じてブレンドして持ち帰るという。井戸には蛇口があり、誰でも水を得ることができる。完全にフリーにしているのだ。ずいぶんと気前がいい。

これら3本の井戸を掘り出した、興味深いストーリーを、これから紹介していきたい。

■スピリチュアル活動の開始

エツコ先生のスピリチュアルな活動は、心理カウンセリングから始まっている。商社マンの夫と結婚して、米国で暮らしたことがあり、その時にカウンセラーの存在を知った。帰国すると、日本でまだ初めてといっていいタイミングでカウンセラーの募集があった。夫が単身赴任していたこともあり、時間はたっぷりとある。社会活動をしたかったこともあって、応募するとすんなりと合格。カウンセリングの勉強と活動を開始する。

先生の変わっているところは、カウンセラーとしての活動に収まらなかったことである。会社の方針もあり、相談者からの希望もあって、占いをはじめたのである。「日本ではカウンセリングになじみがなく、占いの方に需要がありました」と、エツコ先生は振り返る。

電話による占いを開始したが、これが当たって朝から夜中まで電話が鳴りっぱなしになってしまった。いきなり業界でも知られる売れっ子となった。

幼いころから霊感が強く、人の心の裏を見抜ける妙な子どもであった。皆がそうだと思って、自分の能力に疑問を持ったことがなかった。そうではないことを知ったのは大人になってからであった。占いの感性が生まれついて備わっていたのであろう。

さらにエッコ先生は活動の幅を広げていく。自分を癒すためにはじめたヒーリングをお客様にも提供するようになった。これだけではなく、DNAアクティベーション、光の仲間入りをするアデプトプログラムなど、MMSの公認ガイドとしても活動を展開している。

これら手法をお客様が特に意識する必要はない。相談内容に応じて、エッコ先生が心理カウンセリングをしたり、タロット占いをしたり、各種ヒーリングを提供したりする。

このころにはじめたものに「磁場調整」がある。お客様のトラブルの原因を追及していくと、本人や周囲の人間ではなく、磁場に起因していることがわかった。地球自体が大きな磁石であり、どこにいっても人は地球の磁場の影響を受ける。この磁場が乱れると、人間の活動に悪影響を与え、さまざまな問題を引き起こす。そこで、先生はお客様が住む現地へと赴いて、磁場調整を行うことでトラブルを解決することができた。

こうして先生の活動は、電話による相談だけではなく、対面も行えば、現地の磁場調整もするようになった。以来、日本中から磁場調整をお願いされるようになる。

■出雲の神々の降臨

全国を飛び回っていたころのことだ。出雲の神を祭っている地方の磁場を調整したところ、これら神々がエッコ先生に降臨した。そして、日本を救って世界中を活性化させよと命じられた。このころから、先生の視野は日本国内だけではなく、地球全体に広がるようになる。

出雲の神々からの指令はこれだけではない。「新たな拠点を設けて、そこを『出雲御殿』とせよ」という。それまで自宅の居間にお客様をお迎えしていたが、いかにも狭い。どうやら新たな施設の建設が必要らしい。

探してみると千葉県柏市に住宅地として整備されつつある地域があり、販売が開始されていた。夫とも相談の上、その一画を購入し自宅兼サロンを立てることになった。

記者が初めてエッコ先生を訪れたのは、自宅が完成してすぐであった。奇をてらったり飾り立てたりしてはいない、普通の住宅であるが、「出雲御殿」というだけあって、気品がある。その1階に12畳のセッションルームがあり、いくつもの水晶や曼荼羅、さまざまな絵が飾られていた。

ここを拠点にエッコ先生は降臨してきた神々の力を借りて「出雲の紋のヒーリング」を提供することになる。磁場調整も含めて、先生が身に付けた技術の集大成であり、出雲の神々によって倍増された効果を持つ。

■一つ目の井戸「白の水」

出雲御殿を新築して1年もたたないころのことだ。いくつかの要因が重なってエッコ先生は「白の水」と「悦蘭のヒーリングワールド」を新設することになる。

一つ目の要因が、白山比咩（しらやまひめ）がチャネリングコントラクトとして降臨し、井戸を掘れと命じられたこと。

白山比咩とは、石川県白山市三宮町にある白山比咩神社に祭られているご祭神である。白山比咩神社は旧加賀国の一宮であり、日本有数のパワースポットとして知られている。

チャネリングコントラクトとは、チャネリングする際にメッセージを降ろしてくれる高次元の存在のことだ。エツコ先生は白山比咩と結び付いていて、お客様に必要となるメッセージを受け取り伝える。

その白山比咩が「井戸を掘りなさい」という。「それがどのような井戸なのか、どこを掘るのかまったくわかりません。ただ『井戸を掘りなさい』と」（エツコ先生）

そもそも今の時代に、井戸を掘る必要性はまったくない。それなのに井戸を掘るとはどういうことなのか。しばらく考えたが、まったくわからない。

同じころ、エツコ先生の自宅前の敷地がたまたま売りに出された。12畳のセッションルームを出雲御殿に設けたが、これは自宅兼用である。始終人が出入りし、家族も生活しづらい。

その売り出しを見て夫が「その土地を買って、新しい施設を造ったらどうか」と提案する。家族が勧め、協力もしてくれるというのだから、エツコ先生も従うことにした。わずか1年ではあるが、すでに手狭になっており、新たな拠点が必要となっていた。

土地の仲買をする不動産屋が「井戸はどうしますか」と確認を求める。何のことかと聞き返すと「昔、この土地に井戸がありまして、それをどうするかということです」という。では、この土地のどこに井戸があったかというと、そこまでは不動産屋もわからなかった。

水のパワーは恐ろしいほど強い。古い井戸はそのまま放置しておいてはいけない。この敷地内のどこかに、古井戸があるのかもしれない。エッコ先生は、数人で丹念に探してみたが見つからなかった。

ところが、土地の購入を決めてすぐのことである。玄関先に並べていた植物の一鉢だけが急に精気を失い枯れかけていた。玄関先にはいくつかの植木があったが、その鉢だけが変化している。エッコ先生はその妖精に問いかけた。すると「井戸を掘ってください」と訴える。その植木鉢の線上を見て、エッコ先生は井戸を掘るべき場所を確信した。同時に井戸を掘る決心を固めた。「これが水のエネルギーです。水の持つ流れの力にあらがうことはできません」(エッコ先生)

だが、ことは簡単に進まない。井戸を掘るのは専門の業者である。その業者がいう。

「井戸を掘っても確実に水脈に当たるとは限りません」

「しかし、不動産屋さんに言わせると、昔ここには井戸があったと」

「水脈に当たる可能性はありますが、確実ではありません」

「それでもお願いします」

「もうひとつ。たとえ水脈に当たっても、飲料に適する水が出るかどうかは保証できません」

井戸を掘るのは百万円単位の投資になる。白山比咩のメッセージを信じて、先生はお願いすることにした。

それでもトラブルは続いた。本来なら3日で終わる工事だが、途中で業者が病気になり、1週間もかかってしまった。「やっぱり、私の活動を防止したい存在がいるのです」（エツコ先生）

トラブルを重ねながらも、見事に水脈にあたり、水質検査も問題なくパスできた。

これを先生は「白の水」と名付けた。

「し」は白山比咩の「し」から「ら」は太陽の神「ラー」から頂いた。

エツコ先生はこの井戸に三柱鳥居を建てている。鳥居は通常2本の柱でできており、門として広い敷地や建物を守る役割がある。三柱鳥居は3本の柱でできており、柱に囲まれた対象をピンポイントに守っている。この場合は三柱鳥居が「白の水」を守っているのである。

白山比咩からの指令は続く。今度は「ノアの箱船を作りなさい」というものだった。大洪水から人類を救った途方もない大型の船で、旧約聖書に出てくる。

これにはエツコ先生も抵抗した。柏市より大きな船を造らなければならない。井戸を掘るどころではない。できることとできないことがあると、ため息をついた。

しかし、冷静に考えてみれば、人類を救うための施設をつくればいいことである。本当

「白の水(しらのみず)」の井戸と「悦蘭のヒーリングワールド」

の船ではない。人々の意識を高次元に導くための施設である。それを購入した新しい土地に建てればいい。

こうしてできあがったのが「悦蘭のヒーリングワールド」である。2階建ての建物で、個人セッションはもちろん、数十人レベルのセミナーにも利用できる。

■二つ目の井戸「黄金の水」

「白の水」は白山比咩や出雲の神々の支援を受けて掘り出した井戸である。出雲は古事記や日本書紀に出て来るように、大国主を祭っている。国譲りをして地に隠れたことから大地の神として位置づけられている。

この「白の水」と「悦蘭のヒーリングワールド」を設けて活動を活発化したころ、新たな井戸の指令が舞い降りてきた。今度は

「『黄金の水』を掘り出しなさい」という名前まで決まっている指示であった。2011年初頭のことである。

不思議なことに指令が降りたと同時に、エツコ先生自宅の隣の区画が、更地になり売りに出された。こうなれば偶然ではない。必然であるとして、先生は売り出された土地を購入し、井戸の建設に着手した。

井戸掘りの業者は前回と同じ。それでも、その業者は念を押す。

「たまたま前回はうまくいきましたが、今回もそうであるとは限りません」

「しかし、数メートルしか離れていませんし……」

「それはそうですが、保証はできません」

「それでもお願いします」

と、この展開は前回と同様である。

ところが2回目の「黄金の水」では、とんでもない抵抗にあった。2011年の3・11東日本大地震である。計画のさなかにその被害に見舞われた。

とりわけ千葉県は地盤が脆弱で、液状化による被害が指摘された。「千葉県だけではなく日本中が危機的な状態でした。関東の人間が関西に逃げだしたり、国外へ避難する人も多くいました」とエツコ先生は振り返る。

絶望的な状況の中でも先生は井戸掘りを強行した。着手したのは大震災の1カ月後、4月11日のことである。やぐらを建てている最中に震度5の余震に襲われた。余震は次の日も続いた。恐ろしいほどの抵抗である。

しかし、この抵抗に屈するわけにはいかな

い。業者は予定どおり井戸水を掘り当てた。ところが、出てきたのは乳白色の泥水であった。硫黄の匂いもきつい。業者もこれには驚いた。火山地帯でもないのに、これほどきつい硫黄の濁水が出るとは考えられないというのである。「白の水」とはまったく異なる水脈に当たったようである。

それでも放流を続け、様子を観察する。すると1カ月で水が透明になり、飲料に適用できるようになった。

「これがお湯であったら温泉だったかもしれません。ところが、冷たい水だったので冷泉です。さすがに2回目はダメだったかとあきらめかけました」（エツコ先生）

硫黄臭さは抜けたが、匂いは残る。これは温泉と同じである。しかし、温泉には入浴す

「黄金の水」の井戸

るだけではなく「飲泉」といってお湯を飲む治療法がある。その効果を「黄金の水」は提供してくれる。

「『黄金の水』は人間のぶれがちな中心軸を整える力があります」とエッコ先生は語る。周囲を気にしすぎる人、自信が持てない人、環境に流されやすい人の中心軸を整え、芯のしっかりした人格形成を支援する。

一つ目の「白の水」は出雲の神々に支援された「地」の力あった。二つ目の「黄金の水」は伊勢の神に通じる「天」の力がある。「白の水」は人間の可能性を拡大する「横」の効果を持つ。「黄金の水」の水は人間の中心軸を整える「縦」の効果を持つ。これで、横と縦の力が備わった。エッコ先生の活動はますます活発化していった。

■三つ目の井戸「生命の水」

一つ目があり、二つ目があると、人は三つ目も期待する。エッコ先生のお客様も冗談めかして「三つ目はどこでしょう」と話しかけてきた。あるいは本当に三つ目があるかもしれないと、先生も感じていた。

実際そうなった。「悦蘭のヒーリングワールド」の隣の敷地が空いて売りに出されたのである。迷うことなくこれを購入し、井戸を掘って「生命の水」を掘り当てた。これが2014年のことだ。

例によって業者は同じ。エッコ先生はこの井戸掘り業者のお得意様になってしまった。それでも念を押すことは忘れなかったが、同じパターンで押し通した。

「生命の水」は融合の象徴である。地の力

を持つ「白の水」、天の力を持つ「黄金の水」、この二つの力を融合する新たな力が必要であった。それをエッコ先生も感じ、その井戸を掘るように命じられた時は、抵抗することなく従った。

「生命の水」の井戸

また、「白の水」は横の力であり、「黄金の水」は縦の力である。両者の力を癒合する「生命の水」が求められていた。

実際、記者が体験したように、3種類の聖水はまったく風味が異なる。

■根源の井戸「蘇る泉」の浄化

3本の井戸の話に関連するものとして、根源の井戸の話も記しておかなければならない。

時間は戻るが、1本目の井戸「白の水」を掘り出す際、不要となった土を捨てるため、敷地の北側の端に、6メートルほどの深さの廃棄用の穴を開けた。

その穴の端にコンクリート構造物の一部が見えた。あるいはと思って、エッコ先生は業者に構造物が何かわかる程度まで穴を広げてもらった。

予想どおり、それはうち捨てられた古い井戸であった。井戸はなおざりにできない。この土地を紹介した不動産屋が「井戸はどうしますか」といっていたが、その井戸がこれに違いない。6メートルも下に埋まっていたのである。

その後、エッコ先生は神職を招いて古井戸のお祓いとお清めをお願いした。もちろん、自分でも浄化と除霊を行った。

「古い井戸はなおざりにできません。ドラゴンもいましたし、水の妖精もいました。ユニコーンもたまった水に閉じ込められていました。たくさんいました。それらに昇龍の儀式を執り行ったのです」とエッコ先生は語る。

祓われ清められ、多くの霊たちはいきいきと天に昇っていった。

古井戸はそのまま埋めたりふさいだりしてはいない。時々息抜きをして、浄化に努めている。

■慈愛

「『白の水』『黄金の水』『生命の水』の3種類の井戸と水、そしてこの『悦蘭のヒーリングワールド』で私の活動の土台が、完璧にできあがりました」とエッコ先生は微笑む。これをベースに注力しているサービスが「エンソフィッククレイヒーリングモダリティ」だ。

肩や腰が痛い、目がにじむ、疲れやすい、お腹が張ってつらい……、そのような人にブレンドした三種の聖水を与える。聖水によって体内の水が活性化され、体の不調が回復していく。記者も「悦蘭のヒーリングワールド」から水をペットボトルでいただいてきたが、その日から腰の痛みがきれいになくなった。姿勢を気にすることなくぐっすりと眠れるようになった。不思議なほどである。

気分が優れない、やる気が出ない、将来への不安が消えない……。このような心の悩みにも三種の聖水は効果がある。人間が神から与えられたギフトを開いて、最大限に活躍できるようになる。いきいきとした充実した毎日を送ることができるようになる。

人間関係がうまくいかない、夫に浮気をされる、不倫癖がなおらない、職場でいじめにあう……、このような人間関係の改善にも三種の聖水は役に立つ。自分の持つ波動を上げ、低レベルの波動に振り回されなくなる。

ユニークなのは「お金がない」という問題も解消できることだ。聖水を飲むことで本来持っているべき富が舞い戻ってくる。貧乏による不幸と不安を解消する。

人にだけではない。先生は1～2カ月には海外に招かれ、行く先々の土地で水をまいている。聖水をまくことで、聖水の波紋に土地の水が共鳴し、土地全体が清められていく。

エツコ先生はこれからさらに「慈愛」を進めていきたいと訴える。慈しみであり、思いやりであり、愛情である。秘めている愛ではなく、前向きな積極的な感情だ。

「女性的ですが、慈愛には大変大きなエネルギーがあります。2017年になって慈愛を必要とする時代となりました。慈愛の心ですべてを受け入れ、ピュアなエネルギーに進化させましょう。そして、皆で波動を上げていくのです。地球を癒し、回復し、進化させていきましょう」と、エツコ先生は最後に呼びかけた。

あなたはどこから来て、どこへ向かうのか？
封印を解除して、本来の能力を最大限に発揮する！

外気功療法川崎本院（がいきこうりょうほうかわさきほんいん）

千葉《ちば》 一人《かずひと》先生

得意とする相談内容： 神人合一、封印解除、能力開発、治癒力向上
トラウマ解放、疲れ・不安・絶望感、劣等感・罪悪感、不眠
浄霊（昇天）、霊障

施術手法： 外気功、封印解除

施術方法： 対面、遠隔

時　　間： 10：00～19：00（受付18：00まで、応相談）

料　　金： 神人合一療法（守護霊授付・霊障・前世・トラウマ・封印解除）
5000円～30000円 / 60分、気功療法（一般・遠隔）
5000円～ / 30分、浄霊（昇天）　5000円 / 30分

住　　所： 〒213-0001　神奈川県川崎市高津区溝口2-26-6
プロプリエテール三田　301号

電　　話： 044-813-4941

ホームページ： http://www.gai-kikou.jp/
http://inochi.jp（命の癒し）

メールアドレス： toiawase@gaikikou.co.jp

本来の自分はこうではないはずだ、もっと違う生き方があるのではないか、今の居場所に落ち着かない、見えない力に支配されている。もっと大きな力があったはずだ。なぜ力を出し切れないのか、どうして活躍できないのか……。

自分自身や環境に違和感を抱いて生きている人は多いのではないか。多くの人が自分探しに明け暮れ、自分らしい生き方を模索している。このような迷える現代人に手を差し伸べるのが外気功療法川崎本院の千葉一人先生である。その手法が「封印解除」。何者かの手で強制的にかき消された過去の能力を呼び戻し、本来のあなたが目覚める。気分が軽くなった、人間関係が好転した、生きがいを見つけられた、病気が治りやすくなったなど、素晴らしい効果を提供している。

「封印解除で治癒するのは、人間の根幹です。文字どおり、根と幹です。ここを整えずして、枝葉を張ることも、花を咲かせることもできません」と、千葉先生は訴える。

■人間の誕生

「封印解除」を耳にしたり目にすることが多くなった。幾人かの先生方が、すでに施術をサービスしている。それら方法は一様ではなく、スタンダードがあるわけでもない。

千葉先生の場合も、誰に教わったわけではなく、自らの疑問に始まり、研究を重ね、一つひとつ形作ってきた。

外気功療法川崎本院は初代である千葉久之

先生が開院し、卓越した能力で第一人者となった。名前のとおり、外気功療法を専門とし、弟子も多く、いくつかの分院も持っている。

本院は嫡男である千葉一人先生が引き継ぎ、多くの患者さんに対応している。この二代目が外気功療法はもちろん、多彩な施術手法を持ち、絶大なパワーを発揮しているのである。

封印解除も発端は、「誰が人間をつくったか」という疑問から始まった。例えばテレビが壊れればテレビをつくった工場へ行って修理する。パソコンが壊れれば工場が引き取って修理する。

では、人間が壊れると誰が引き取るのか。病院へ行くが、人間は病院でつくられたわけではない。

エネルギーを集中させて施術する先生

おそらく創造主がいるに違いない。

創造主（神）は絶対であり、一つである。他に比べるものもない。だから、大きさも温かさも形も色も皆目わからない。成長も変化もない。数字でいえば「1」の状態である。これを「絶対神」と呼ぶ。

聖書でも古事記でも、最初は何もない。「ない」ことさえない。これが始まりであり。絶対であり、仏教では「無」といい「空」という。

しかし、これでは自らを神であることは知ることはできない。

神は考えた。神は神を知るために分身をつくった。絶対の世界を、複数で構成する相対の世界としたのである。

相対であるから比べることができる。大きさや形の違いがわかる。上があれば下がある。右があれば左がある。

光があれば影がある（ここに「影」なる存在が生まれた）。善が生まれ相対的に悪が生まれた。

これはわかりやすい。一人では存在を証明できない。存在を証明するには、その存在を見たり確認したりする他者が必要になる。例えば、コップはあるだけではコップとはわからない。コップを握る「手」によってコップの存在は証明される。同時に手もコップによって存在がわかる。

相対な世界になることで、自分の大きさを測ることができる。輝きを知ることができる。変化もわかれば、成長もわかる。

人間は相対の世界になって、初めて誕生し

た。神は自分を二つに引き裂いて人間とした。神は「二」である。この一本の棒を縦に引き裂いたのが「人」という漢字である。

人は元、神なのである。神が人となった。「神と人は同じです。神は叫んでも出てきません。神は私たちと共にあるのです。これを『神人合一』と呼びます。神は私たちと共にあるのです。キリストもいっています。『神の国は私たちの内にあります』と。人間は神そのものなのです」と、千葉先生は語る。

重要なのは、神は人間を切り離したのではないこと。やはり一つであり、人間は神に戻る運命にある。これは後ほど詳述する。

ずいぶんと哲学的であり、宗教的である。やがて物理学が入り、さらには密教も入ってくる。総合大学の講義のような内容が延々と続き、最後には封印解除の必要性へと導かれる。今しばらくお付き合いいただきたい。

■眞我と自我　人間としての生命体

人間は生命体として地球上に生まれてきた。生命体とは生体と命体の合作である。命体は命であり、これは永遠に続く。生体は生身の体で、寿命が来れば朽ちていく。生命体から命体が離れ、生体だけになってしまうのである。命はあの世に戻る。

命体の世界には眞我があり、生体の世界には自我がある。両者をつないでいるのが守護霊である。

物理学的な話になる。神はまず、素粒子をつくった。素粒子は陽子と中性子を帯びた原

子核となる。ここまでは「あの世」である。スピリチュアルな世界といってもいい
原子核は原子となり、電子を持つ。ここから「この世」となる。我々の住む現実世界である。原子は分子を構成し、分子は細胞を構成していく。やがて細胞が六十兆個集まって人間ができあがる。

あの世は本質の世界であり、何もない。この世は物質の世界であり、ものでつくられている。しかし、物質は永遠ではなく本質でもない。

たとえていうと、ジョッキの中にビールと泡があるとする。ビールが本質の世界であり、泡が物質の世界だ。強いていえば、泡にもビールは少しだが存在する。これは物質世界に見えない空間という本質があるのと同じレベルだ。

この物質の世界で我々は生命体として生きている。だが、物質である生体には寿命があり、あの世へ帰らなければならない。帰るのは命、生と命が切り離されるのが死だ。

■十三層の浄化仏

死ぬというのは生体がなくなるだけで、命体はあの世へ行き、永遠に生きていく。あの世で仏により浄化を受けるのである。

一番目の層は幽界。ここでさまよっているものが幽霊である。人間との交信ができ、時々化けて出る。司っているのが不動明王。死んでいるはずなのに生きていると思って、さまよっている。胃がないのに胃病を病んで

いる幽霊や、心臓がないのに心臓病で苦しんでいる幽霊がいる。死んでいることを自覚せず、生身の体であると勘違いしている。

幽界との交信は比較的容易で、これをもって霊界通信ができると考えている霊媒師もいる。

二番目の層から上がこの世の霊界。これは人間とはまったく切り離される。二番目の層において人間界で対応して行われるのが火葬。二番目で「成仏」となり、仏様として扱われる。二層目を司る仏様は釈迦如来。四十九日は七番目の層、司る仏は薬師如来。ここまでが、この世の仏である。

ちなみに三番目が文殊菩薩《もんじゅぼさつ》、四番目が普賢《ふげん》菩薩《ぼさつ》、五番目が地蔵菩薩《じぞうぼさつ》、六番目が弥勒菩薩《みろくぼさつ》である。八番目観世音菩薩《かんぜおんぼさつ》よりあの世の仏となり、十番目阿弥陀如来《あみだにょらい》から守護霊としての役をいただく。

十三番目、最後となるのが虚空蔵菩薩《こくうぞうぼさつ》であ

魂の浄化を段階的に教えてくれる

る。ここまで浄化が進んでも上がりではない。まだ成長のない命体は、再度人間世界に命が戻って修行を積むのである。これが輪廻転生という。

くり返すことで解脱（地球の卒業）し、成長するのが我々の選択した方法なのだ。

「運命という言葉を知っていますね」と千葉先生は念を押す。

「運命は『命』を『運ぶ』と書きます。命を絶対神の世界まで運ぶことが運命であり、これは決まっていることなのです。しかし、どのように命を運ぶのかは決まっていません」と千葉先生は解説する。ルートは人それぞれであるが、ここに来ることだけは決まっている。

十三層に至ると、成長していない命体は再度この世に戻って修行に入る。命を磨くと、解脱して高次元の星に進むことができ、これが命体の幸せとなる。

地球以外の高次元の星でさらに命を磨き、最終的に、命体を絶対神にまで運ぶ。これによって、絶対神も同時に成長することができる。この成長が絶対神の生み出した相対世界の究極的な目的であり、人間をつくり出した目的でもある。

神は人間をつくり、修行を積ませもう一度神に戻すことで、絶対に世界が成長できるのである。

より高次な星で修行

では、亡くなられた方は今どの層にいる

か。それを調べることのできるのが「レヨコンプ」という機械だ。

　ドイツで発祥した波動医学に基づいて発明された機械で、波長の存在を共鳴で確認することができる。

「すべてのものに波動があり、レヨコンプはどのような波動が存在するか、共鳴によって調べることができます」と、千葉先生は説明する。

　細胞や人間の部位が一定の振動を持ち、波動医学では人間の持つ感情まで周波数を割り出している。感情はエネルギーであり、これも周波数を持つ。例えば「愛している」という感情は八十二・五である。これは宇宙に満たされているエネルギーであり、宇宙とつながりたいのであれば「愛している」という感情を持つ必要がある。

　この、宇宙の感情に共鳴できるものは「本物」、共鳴できないのは「偽物」となる。

　亡くなられた方がどの層にいるかも、レヨコンプで調べることができる。先生は亡くなられた数人の方の写真にレヨコンプを当てて波動を調べている。

　自殺された方の写真にレヨコンプを当て、位置を確認すると、自殺しただけあって、ネガティブな念を引きずっており、浄化がなかなか進んでいない。

　次に戦国時代に武力でトップに登り詰めた人の書き物や写真を出す。織田信長、豊臣秀吉、徳川家康。歴史上の英雄だが、まだ十三層の半ばあたりでうろうろしている。「武力を持ってピラミッド社会の頂点に立つのは、多く

のマイナスのエネルギーが伴います。浄化に時間がかかるのです」（千葉先生）

平和手段で世界的なリーダーになられた方は、すでに十三層目にさえいない。例えば、それがガンジーであり、マザーテレサだ。

通常であれば再度地球に戻って修行を繰り返すのであるが、それとは異なる波動を返してくる。

「これは他の高次な星へ行ったのではないかと考えられます」と千葉先生は語る。

星の存在は地球だけに限らない。それこそ星の数ほどある。地球以外の高いレベルの星での修行に入っているのである。

ガンジーやマザーテレサなどの偉人だけではない、相当数の人が地球を卒業し、高次な星を経験している。

高次な星だけではない。地球に舞い戻ってくる方もいる。「例えばどのような方ですか」と千葉先生に尋ねると、日本を代表するような文化人やエンターテイメントの名前を挙げるので驚いた。

■影が操る堕天使による封印

例えば、本来なら地球で五回学び、高次な星で学び、再度地球に戻ってきたはずなのだが、その学びの記憶がまったく消され、一回目にリセットされている。これが「封印」だ。そして、この封印を取り除き、本来の光り輝いている自分を取り戻すのが「封印解除」である。

封印は堕天使が行ういたずらだ。堕天使と

は文字通り墜ちた天使で、本来は神のしもべであった。だが、「影」の存在が天使をだまし、地球上に導いた。

堕天使の代表的な存在が「ルシファー」だ。明けの明星（金星）を指すラテン語であり、カトリック教会やプロテスタントにおいて、堕天使の長であるサタンの別名とされている。

ルシファーは日本の「かごめかごめ」という童謡にも登場していると、千葉先生は指摘する。

「かごめかごめ」は本当は宗教的で怖い内容だと聞いたことはあるが、ルシファーの存在は初めて聞いた。

そもそも「かごの鳥」とは支配を表す。人間は平等ではなく、常にピラミッド社会をつくり出し、そのトップに登り詰めようとする。ここに愛はない。

このピラミッド社会＝支配社会をつくりあげるために暗躍しているのが「夜明けの晩」、すなわち明けの明星であるルシファーなのである。明けの明星は本来天使であるはずだが、「影」の存在にだまされて、人間に封印を与えている。

ルシファーは、不動明王レベル（幽界）にいて、原子核に悪さをする。原子核はあの世の世界のものである。ここを操作されては、こちら側ではどうしようもない。気づきさえせず、それが病気として現れると、現代人は対処療法に走る。たとえそれで治っても、別の場所に異常が現れる。本質的な治癒になっていないからだ。

ちなみにルシファーはこの地に降りた龍の化身である。「かごめかごめ」の「籠」の冠を「立」に変えると龍になる。

さて、ある人は運命に従って、命に磨きをかけ、五回地球上で輪廻し、ついに地球を卒業し他の星へ行ったとしよう。その人が地球に戻って愛の行動をしようとすると、ピラミッド社会の大変な邪魔者になる。そこでルシファーが悪さをして、修行した地球上の四回分を取り消し一回目に戻してしまう。これが「封印」である。

アザゼルという堕天使もいる。「旧約聖書」レビ記にも名前が出ており、堕天使の頭目、リストの十番目に出ている。アザゼルは原子レベルで悪さをする。

堕天使グザファンは、元々創意工夫の才を持った聡明な天使であったが、ルシファーが神に謀反を起こした時に、ルシファーの側につき、天国に火を吹きつける案を出したとされる。引きこもりの人はグザファンに犯されていることが多い。

堕天使マスティマは殺人狂である。今日理解不能な殺人事件が多発しているが、背後でマスティマが絡んでいる危険性がある。堕天使の説明が続いたが、以下割愛する。

よって封印をかけられている人は、本来その人が持っているはずの能力もエネルギーも失われてしまう。地球上に再生して、こんなはずではなかったとぼんやり感じるのはこのためである。

■封印解除

「封印解除」とは、影に操られた堕天使がしたいたずらを取り払い、本来のあなたに戻す。五回輪廻したのであれば、五回分の能力を取り戻す。

もちろん、命体に記憶はない。命体になった段階で、生命体だった時の記憶は、すべて消される。だが磨かれた能力や蓄積されたエネルギーがある。これを取り戻すのである。

難病を持つ方全員に封印があるわけではない。ときおり、がんなどになって奇跡的に治癒された方がいるが、これらは封印が解除されて治癒できたのでない。「元々、封印がなかった方が多いようです。封印が邪魔しないから簡単に治るのです」（千葉先生）

封印はいったん高次のレベルまでいって、地球を卒業し、再度戻ってきた時にかけられやすい。地球に戻って善行されては影が困るからである。

ところが、高次のレベルに達していない方は封印をする必要がない。このため、病気になっても治りやすい。

逆に生まれついて障害のある人は、とりわけ強力な封印がかけられている。そうしないと、大いなる善行されてしまうからだ。強力な封印をかけ、自由を奪ってしまっているのである。

説明した内容を振り返りたい。

生命体とは「生体」と「命体」の合成であり、死ぬことによって「生体」は消え去り、

「命体」はあの世で浄化される。これを繰り返して、魂は成長し、神人合一がなされていく。これが人＝神の望みであり、これを目的に、この世と人間は誕生した。

繰り返すほどに魂は浄化され能力を増し、善行に貢献する。ところが、影の存在の手先として、堕天使も登場し、悪さをするようになった。人間の繰り返す輪廻の記憶を消し去ってしまうのである。そして、地球上を影が管理しやすいピラミッド社会につくりあげていく。邪魔な記憶は封印される。

封印されることで、人はエネルギーも能力も失ってしまう。輪廻でつくりあげてきた自分自身が消され、管理社会の中で、自己を見失ってしまう。

「こんなはずではない」「自分には別の生き方がある」「本来の自分はもっと輝いていたはずだ」と、かすかに残されていた記憶を頼りに、自分探しの旅に出る。

あるいは病苦に陥る。がん、心臓病、脳卒中、肺炎などのようにわかりやすいのもあれば、慢性疲労、肩こり、頭痛、耳鳴り、膝痛、意欲低下、不眠、不安、自殺願望など、原因が特定できない厄介な病も少なくない。とりわけ現代人は、このような症状に悩まされている。

この封印を解放するのが封印解除である。本来のあなたに戻ることができるのである。

■封印解除の実体験

いいことずくめの封印解除であるが、気になるのは価格である。回数もいかがだろうか。

ところが、千葉先生は本院での時間内、料金で対応する。神人合一療法（守護霊授付・霊障・前世・トラウマ・封印解除）が5000円から30000円だ。

その千葉先生が記者に封印解除の実例をしましょうという。しかし、記者に目立った病気はない。このところ疲れやすい、寝付きが悪い等があるから、何か発見されるかもしれない。ぜひ、とお願いした。

まず、先生は記者のおでこの写真をスマートフォンで撮る。千葉先生は写真を多用する。本人よりもいったん写真にした方が簡単なようだ。

それをカラープリンタで印刷し、レヨコンプで調査する。先生の施術の特徴は、この写真とレヨコンプにある。

数分確認していたが「原子核、原子、細胞に異常があります」という。ずいぶんな症状である。さらに「原子核が封印されており、原子には堕天使ベルゼブブの痕跡がありまず」（千葉先生）

初めて聞く名前である。帰宅後調べると、悪霊の君主であり、新約聖書「マタイ福音書」などに現れているという。「ハエの王」とも呼ばれ、イラストはハエそのものであった。それでいて、魔界の君主とされ、権力と邪悪さでサタンに次ぐといわれている。とんでもないものに取りつかれていたようだ。

「順番として動物守護霊を適正化しましょう。誰にでも動物守護霊がついており、通常二種類います。しかし、あなたには一種類し

かいません。一種類足りません」（千葉先生）

記者には「サギ」がすでについているという。かわいらしい鳥である。足りないのは「アザラシ」であった。サギと比べるとどう猛なイメージがある。

「とんでもありません。スピリチュアルなライターのほとんどの人にはアザラシが守護霊となっています」と説明し、先生は、記者の写真を手に呪文を唱え始めた。呪文の内容まではわからない。

しばらくして「戻ってきました。これからはこの世界の仕事に打ち込むことができるでしょう」と言われた。ありがいたい話である。

次に前世のトラウマを解消する。「命体に傷があり、ネガティブになっています。これを浄化します」といって、また先生は呪文を唱える。密教の修行僧が祈祷しているようでもある。

こちらは何をするでもない。じっとしているだけである。先生は本人に祈祷をかけはしない。撮影した写真に一生懸命に唱えている。

ベッドに横になる必要がなければ、長いカウンセリングがあるわけでもない。楽であり、助かる。

「この九番でしくじったことがトラウマになっています」と先生は説明する。九番とは勢至菩薩《せいしぼさつ》。阿弥陀三尊《あみださんぞん》の一つで、智慧の光で衆生に菩薩心の種子を与える。わかったようなわからない話である。

これで終わったようだ。

先生は意識や体の具合を数値でわかりや

すく表現してくれる。その一覧表も用意している。

「魂のレベルが206から315にアップしました。大きな進歩です」と、先生は笑顔を見せる。守護霊がいればたいてい200は越すそうで、記者はギリギリのレベルであった。

体のレベルは105から270に上がり、意識レベルは1052に達していた。これは高い数字である。エネルギー出力は21から96へと大幅にアップ。魂が大きくなり、エネルギーの入出力の能力が拡大した。

この世での輪廻転生回数は五回だという。「受信機として命体は大変良好になりました」（千葉先生）。封印解除大成功というところである。

確かに心も体も軽くなったような気がする。元々、封印の自覚症状さえなかったのであるから、この程度かもしれない。その場で目にわかる違いとして、メモとして打っているパソコンキーボードのミスタッチが急に少なくなった。

具体的に先生は「バッチフラワーエッセンス事典」のスクレランサスのページを示す。記者は決断のできない、行きつ戻りつする傾向があった。いつも選択に時間がかかり、迷ってばかりいたという。

この日以来、不思議と無用な心配事がなくなった。寝付きがよくなり、動悸もなくなった。大きな効果であった。

■全国でセミナーを展開

これほどパワフルな先生だから、門前市をなしているかといえばそうでもない。宣伝をしていないのである。

強いていえば招かれて、セミナーの講師をしている。これは全国どこへでも行く。何しろ学研肌の人であり、その語り口調には定評がある。

加えてセミナーでは、参加者に封印解除も提供する。それでいて費用は一万円以下と大変リーズナブルだ。

「女性の参加者が多いですね。自分がどこの星からこの地球に来たかを皆知りたがっています」とのこと。ちなみに記者は金星だそうである。

多くの人が「心身が軽くなり、前向きになれた」「不安や心配がなくなった」「生きることに喜びや感謝できるようになった」「自分の喜びに素直になれた」「自分が好きになれた」と語り、力強く次の一歩を踏み込んでいる。

どこから来たのかを知り、次にどこへ向かうべきかを知る。そのどこへ向かうかを教えるのが気功道であるが、今回はそこまでは触れることができない。またの機会にしていただきたい。

「ほとんどの人は持てる能力の八割を封印しています。ほんのわずかしか出せていないのです。封印を解除して本来のあなたに戻りましょう。持てる能力をすべて出し、ポジティブな人生を送りましょう」と千葉先生は力強く呼びかけた。

悩みを自覚したとき、質問が発生したとき、すでにあなたは解決策を持っています
あなたに見えない解決策を「トウィンクルカード」が示します

Prezence（プレゼンス）

江《え》島《じま》零《れい》先生

江《え》島《じま》鈴《りん》先生

月響庵（がっきょうあん）

森《もり》野《の》羽《は》菜《な》先生

得意とする相談内容：日常の不安から人生の重大事まで、現世利益から悟りの境地まで、対極する幅広い悩みに対応

施術手法：トウィンクルカード、高次元ヒーリング、高次元カウンセリング

施術方法：カード講座・個人リーディング

時　間：prezence　11：00～18：00 不定休予約可能
月響庵　予約のみ

料　金：Twinkle Cards（トゥインクルカード）3564円、コース講座／全3回ベーシック講座 56700円／各90分（3回分）
個人リーディング 25000 ／ 120分

住　所：〒251-0035 神奈川県藤沢市片瀬海岸 1-12-4
セッションスーペース：相模大野・鎌倉

電　話：prezence　050-2018-0262
月響庵　080-6535-9614

ホームページ：prezence　http://prezence.info/
月響庵　www.moonhibiki.com/

メールアドレス：Prezence　info@prezence.info
森野先生　moonhibiki@icloud.com

スピリチュアルの世界では、自己表現を極端に拒む先生が少なからずいる。限られた人間関係の中で驚くほどのパワーと実績を示しながら、表舞台に立とうとしない。中にはホームページさえ公表していない先生もいる。

本書のシリーズではそのような先生を可能な限り発掘し、広めることに務めてきた。そんな中で最も高いハードルの一人が「月響《がっきょう》庵《あん》」を主催する森野羽菜先生であった。有り余るほどの能力を持っているのだが、なかなか取材に応じてもらえない。

今回はこの森野先生でさえ舌を巻くほどの実力を持ちながら、公開を拒む先生を紹介された。それが、Prezence（プレゼンス）というサロンから「Twinkele Cards（トゥインクルカード）」を作成・発信している、江島零先生と江島鈴先生だ。

江島零先生と江島鈴先生が作成した「トゥインクルカード」を、取材した記者はその場で買い求めてしまった。それほどメッセージにインパクトがあった。長い記者経験で初めての出来事であった。同時に、これほど自己表現をしようとないスピリチュアリストに会ったのも初めてであった。

■「月響庵」の森野羽菜先生

順番としては「月響庵」の森野羽菜先生から解説を始めなければならないだろう。本書シリーズで3度目の登場であり、前回のショッキングな内容も記憶に新しい。その森野先生も悟りの境地に達したのかもしれない。人を一目で見抜くような、鋭い気やオーラがなくなり、ずいぶん柔らかくなった。何行にもわたっていたメニューや料金がいきなりシンプルになった。老境には遠い年齢なのに、不思議なほどである。

ある域に達すると弓の名人は弓を隠し、書の名人は筆を隠すという。そのようなものなのかもしれない。

幼少のころから他の人には見られない体験が多かった。例えば祖父が亡くなったときのこと。祖父の体が白い色で何重にも巻かれたまゆ（コクーン）のようになり、中に7つの光る物質が見えた。その光は7個あった。子ども心に怖くてなって、ふすまを開けることさえできなくなった。長じてそれが、7つのチャクラであることを知った。死んだ祖父は宇宙とつながっていたのである。

美大を出て、美術の教師をしながら、スピリチュアルな技術を身に付け、セッションを提供するようになった。

30をいくつか過ぎたころの話だ。いきなり、あたりが真っ白になった。突然金色の龍が頭上を高速で駆けていった。

金色の社殿と仏像が鮮明に見えた。ひどく大きな柱があって、文字が刻まれていたが、読むことはできない。5色ののぼりも見えた。やがて風が頭上を吹き抜け、元の静寂に戻った。

その後、母親が亡くなって母の故郷である岩手を訪ね、平泉を回った。そこで森野先生は中尊寺の金色堂を見て、かつての記憶が蘇った。金の仏像と社殿は金色堂で

無限に心に身体に広がっていく点描曼荼羅

あった。毛越寺《もうつうじ》を見て、５本の巨大な柱にも出会った。梵字で文字も刻まれている。「私はこれらの寺に守られている。サポートされている」とまざまざと感じることができた。

中尊寺は龍穴のあるパワースポットとして知られている。龍穴は繁栄が約束されている場所で、古い神社や寺が建てられていることが多い。

30代は不思議なことが続いた。高次な存在とのつながりも体感した。多くの宗教からの勧誘も受けた。勉強を重ね、さまざまな施術を身に付けた。

こうして、本格的なサロンの開設を決意し、オープンさせたのが「月響庵」である。

月京という森野先生の住居と縁のある地名が名前の由来である。森野先生の住む場所はなぜかしら、国府と関係のある場所で、月京もその関連ある場所だという。

月京に来て間もなくの頃、天上に金色の瑞雲が現れ、金銀砂子が降ってきたという。

後にこの場所が、古神道を学ぶうちに龍の交差点であることがわかったそうだ。

「月響庵」は迷いや心身の不調を抱える方々の拠り所となり、森野先生も懸命になってお客様の支援をしてきた。同時に先生も進化してきた。そして、現在の心境に至る。非凡なスピリチュアリストが普通の物静かなおばさんになってしまった。

「お日様に感謝し、子どもたちに感謝し、皆様の幸せを願い、必要とされたらご相談にも対応しています」と微笑む。

自身を自然の一部と考え、五穀をいただき、野菜を食べ、感謝の日々を送っている。

今回の書籍への登場もまったく考えていなかったが「魂の波動の向上」という書籍の趣旨に共感され時間を頂くことができた。

先生の施術では、乳がんからがんが骨に転移し肝臓にも転移が発見された方へのヒーリングで、星々に命じ、星を動かして肝臓が動き、骨が響き……この施術（ヒーリング）の次の日、病院にいくと、なにもない。

また、アルツハイマーを患っていた方への遠隔ヒーリングでは、半年で5つの病巣のうち3つが消え、1年ですべてが消えてしまい、今では、病院も驚き、薬なしの状態。現在も世田谷から平塚まで車を運転して設計図を書いている建築士さんなど、多くの方が祝福を受けている。

森野先生いわく、先生はただの中継地点。天と人と地がまっすぐに繋がった時、すべてが祝福にかわる。私たちは、宇宙そのものだからという。

■江島零先生　「愛」から「祈り」へ

ここから話が変わる。森野先生から紹介された江島零先生の登場である。「Prezence（プレゼンス）」というサロンを提供し、「トゥインクルカード」の開発者である。

同業者として、森野先生は江島零先生を高く評価し、たちまちファンになってしまった。実績ある森野先生が惚れ込むほどのスピリチュアリストであるが、親子ほど年齢が離れている。まだ若いのである。

この江島零先生を詳細に紹介したいのだが、

それを江島零先生は拒む。あまりに高次元なものとの結び付きが強すぎ、その能力が際立ち、幼少期のころから大人や同業者から利用されようとした苦い経験を持つからである。この辺を決して江島零先生は語ろうとしない。

これほど取材しづらいスピリチュアリストは珍しい。

ナザレの地で迫害を受けていたキリスト、あるいは日本の島原の乱（１６３７年）で周囲の大人から祭り上げられた天草四朗（あまくさしろう）のようなものと考えることができるかもしれない。

キリストの教団は、ローマ帝国に反するものとして、十字架に処せられた。天草四朗は反乱の首謀者として幕府から敵対視された。

本人の意思とは異なるところで、利用され、死に至る。それに近い体験を少年期から青年期に重ねた。しかし、その代わりに、神様方からカードをいただき、カードが江島先生を守護してくれるようになった。それも、高次のものとの強い結びつきからくるのである。

よって、大変残念であるが、この興味深い江島零先生の半生を本書で紹介することができない。先生自身が拒否しているし、実際に取材時も聞き出すことができなかった。周囲から材料を集めることも不可能ではないが、それも拒否されるに違いない。

だからといって神秘性を演出しているわけではない。恵まれすぎた（あるいは望みもしない）能力が、人生の十字架になっているのである。

江島零先生は当初、「愛」を訴えていたという。「愛」こそが人類の本質であり、すべてを解決する真理であると多くの人に説明していた。このあたりはキリストに酷似している。荒れ果てた砂漠の地で「愛」を説く若きキリストの映像は、江島零先生につながるものがある。ひたすら純粋なのである。自分のことなど少しも考えずに、弱きものに光を与えようとする。

ただ、今は時代が違う。

キリストが生きていた時代のピュアな「愛」と今の時代のエゴな「愛」は結び付けることができない。

かつては神性でなかなか言葉にすることが難しかった「愛」が、巷にありふれるようになってしまった。母子の「愛」も、女子高校生の「愛」も、会社へ捧げる「愛」も、さまざまに利用されるようになっている。中には国家への「愛」という政治色の強い種類もある。

キリストが信仰としていた「愛」が、今ではバーゲンセールのように日常にありふれている。「愛」を伝えようとするスピリッツには変わることはない。だが、「愛」の言葉は手垢にまみれ、商業に利用されすぎ、本質を失いかけている。

これもあって、江島零先生は、「祈り」という言葉を前面に押し出すようになった。「祈りは天からの降り注いでいるエネルギーです」と、江島零先生は静かに語る。「祈りのエネルギーを天から取り入れ、人間は活性化していかなければなりません」（江島零先生）

■トウィンクルカードの開発

「祈りのエネルギーを天から取り入れ、人間は活性化していかなければならない」といわれても正直よくわからない。ここにおいて宗教であれば「座禅をせよ」というかもしれない。あるいは「瞑想」を求められるかもしれない。これらは正しいことかもしれないが、なかなか続けていくことは、難しい。

そこで江島零先生に、手軽に祈りを実現できる手法が天から降りてきた。それが「トウィンクルカード」の普及であった。

江島零先生は「祈り」の伝道者である。その祈りをわかりやすい言葉で伝えるのは極めて難しい。「愛」ほどではないにせよ、これも誤解や曲解が起こりやすい。では、日常に「祈り」を取り入れるようにするにはどのようにすればいいのか？　その天啓が「トウィンクルカード」であった。

江島零先生はあまりにも俗世間から切り離されていた。それは石をもって追われるほどであった。だが、多くの救済を求めている人には「祈り」が必要である。それを具現化する手段として「トウィンクルカード」を開発する使命が先生に降りてきたのである。

星たちのカードを清浄な屋外で天と繋がってリーディングする

■トウィンクルカードとは？

では、そのトウィンクルカードはどのようなものなのか。

日本でも一般に流通しているオラクルカードに類するものである。だが、他のカードと比較してＰＯＰでとても親しみやすい。33枚のカードがあり、心の中で質問を明言し、ひらめいたカードを引く。それが答えとなる。

その説明としてガイドブックの巻頭に、「この宇宙にあるすべての星たちは、私たちでは計り知れない価値と意味を持ってこの宇宙に存在しています。そして私たちは地球という星の恩恵に賜り、宇宙の奇跡という加護を受けて存在しています」と記されている。

続いて「トゥィンクルカードでは、星たちからの加護を祈りと受け入れています。このカードをリーディングすることにより、私たちと宇宙と星たちを祈りによってつながりを強く持つことができます」と説明している。

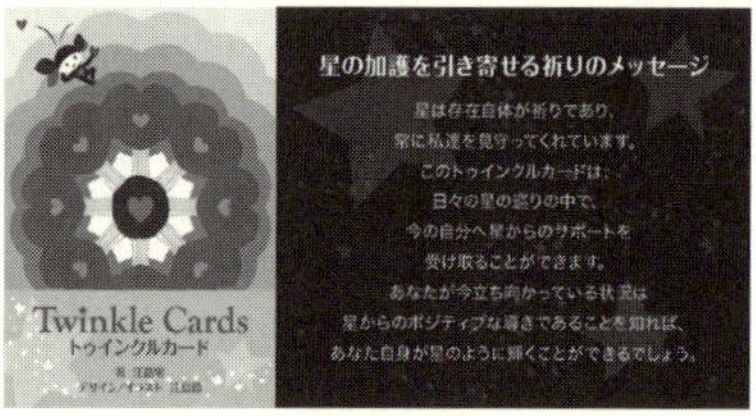

星からの加護を引き寄せて、星からの祈りのメッセージが届く、トゥィンクルカード

これを作成するため、江島零先生は、まず33個の星座と星を選択した。そして、その星たちとつながり、メッセージを降ろした。メッセージが記されているのがガイドブックである。

星とキーワードは1対1になっている。例えば、牡羊座は「再生」、牡牛座は「力」、双子座は「魂」という具合だ。

説明が抽象的になりやすいことから「アドバイス」という欄も設けられている。例えば牡羊座は「食事や運動で体のケアを促しましょう。『私はポジティブさを生み出します』と声に出しましょう」と記されている。

日本語が優しい。他のオラクルカードと比較してわかりやすいのは、翻訳文ではないからだろう。

　カードは1枚を引くのが基本だが、「メイン」と「サポート」の2枚を並べることができる。さらに3枚で「現在」「過去」「未来」さらに5角形のスター状に5枚で読み取ることもできる。奥が深い。

「文章は自分で書きましたが、『書かされている』状態でした」と、江島零先生は、振り返る。

　このトゥインクルカードのデザインとイラストを担当しているのが江島鈴先生である。この方はスピリチュアルとはまったく無縁な人である。会社員であり、グラフィック関係のデザイナーでありイラストレーターであった。紹介で江島零先生と知り合い、共同者になってしまった。

　鈴先生には「光を入れて欲しい」とリクエストがあった。これに応え、実際に光の絵も入れたし、光を念じつつ制作した。33枚の絵柄に1年ほどかけている。それほどじっくり時間をかけて描いているのである。

　この絵のかわいらしさがトゥインクルカードの大きな特徴にもなっている。かわいらしくもあり、可憐で美しくもある。

　トゥインクルカードは2015年12月

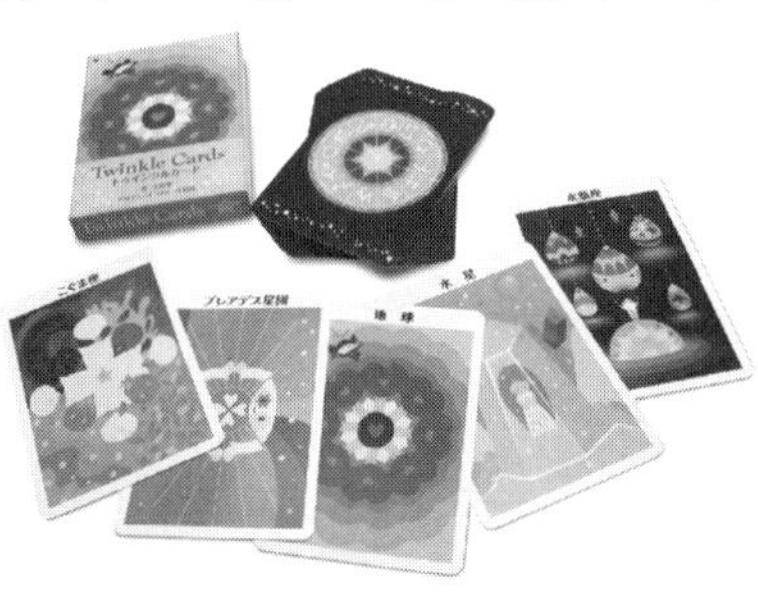

絵のかわいらしさでも話題のトゥインクルカード

に販売が開始され、順調なスタートとなった。スピリチュアル&ヒーリング・マガジンとして知られている「アネモネ」誌でも紹介された。ここでも絵柄のかわいらしさが支持されている。

■記者の体験　太陽は「覚醒」？

それでは、と記者も引いてみた。本来なら心の中で「質問」をしてその回答を得るために引かなければならない。記者はそんなことも考えずに、当面の例として、先生に示されたカードから1枚を引いたに過ぎない。

その出たカードに驚いた。「太陽」なのである。キーワードは「覚醒」。「あなたが生きていること自体が奇跡であり、貴く美しいのです」と、ガイドに記されていた。思い当たることがあり、記者は本当に驚いた。アドバイスとして、「今日あなたに起きた奇跡を10個探し出してみましょう。『私は自分を承認します』と声に出しましょう」とある。

その瞬間、このトウィンクルカードを買い求めて、今後毎日引かなければならないと確信した。それほど、ショックを受け、広げられたトウィンクルカードを買い求めて帰ったほどである。カード自体3564円（税込み）と、さほどの負担ではない。トウィンクルカードはプレゼンスで購入できるので興味のある方は問い合わせていただきたい。

■トウィンクルカード　体験談

トウィンクルカードは零先生自身がセッションでも使用している。その中から興味深い体験談を紹介したい。

●土星が出続ける女性

例えばこんな人が来た。50代後半の女性である。早くから江島零先生の力を認め、しばしば相談をしていた。

その時のカードが土星であった。キーワードは「突破」。零先生からは「今からの延長線上の進化や変化ではありません。レベルのシフトが必要な時期に来ています。ブレークスルーするのです」と言われた。

この女性は、何もそこまで全否定されるとは思っていなかった。この年になって何をこれ以上突破するのか? 正直よくわからない。わからないというと「わかるまで『突破』と求められるでしょう」と言われた。

女性は自分でもトウィンクルカードを買い求めた。自宅で行ったところ、やはり同じ「土星」が出て驚いた。次の日も引いてみた。やはり「土星」が出て、驚愕してしまった。ついには降参した。

これは本気でシフトが求められている。真剣に女性は考え出した。まず、越えるべき壁の存在を見つけること。それは昨日までの自分であった。何でも周囲のせいにしたり、自分の年齢のせいにしたりしていた。人の言うことに耳を傾けることもない。そして、それを確実に越えること。延長線ではなく、まったく違った自分になる。

その努力を重ねることで人間関係が大きく改善された。夫との関係も回復した。壁を越えたと女性は感じた。それから「土星」のカードは出ていない。

この女性は完全にトウィンクルカードのと

りこになり、毎日引いている。トゥィンクルカードを持ち運ぶこともあるし、出たカードを1枚だけお守りとしてバッグに入れたり、身に付けたりするようになった。

●薬が不要になった相談者

「よく驚かれるのは、一番先に出て来るのが自分の星座であることです。その星がサポートしているのです。恋人のことを聞こうとすると、恋人の星座が出て、やはり驚かれることがあります」と零先生は語る。

零先生自身もこのカードのプロモーションでよく人と話すようになった。雑誌の取材を受けることもあるし、イベントにも出るようになり、人間が丸くなったのではないかと、自ら語っている。

さて、これは若い女性からの相談である。大きな病院にかかっていたが、その心療内科でうつ病だと告げられた。そして、大量の薬を投与されるようになった。これからどうなるのだろう、病気は治るのだろうかという相談である。

この時、零先生は3枚のカードを引いた。1枚目は相談者の星座が出て、2枚目には母親の星座のカードが出た。これら星座から彼女はサポートされているのである。相談者の迷いに応えるカードが3枚目であった。

それは「天王星」である。キーワードは「改善」。カードのメッセージをリーディングし、零先生は確信した。「あなたに投薬の必要はありません。病気でもありません」と告げたのである。

これには相談者もびっくりした。そのよう

な解答を予想さえしていなかった。先生はカードを素直に読み取ったままでだ。だが、スピリチュアリストが西洋医学の投薬まで口を出してはいけない。相談者は病院を変えたいと語っていた。それはいいことです。別の先生にかかるといいでしょうと応えた。

それからしばらくしてその相談者から電話があった。病院を変えると、新しい医師は次のように応えたという。

「あなたに投薬の必要はありません。うつ病ではありません」というのである。相談者は驚いたが、零先生は冷静であった。

「そのとおりです。あなたは天とつながりなさい」といって、電話を切った。

その女性は病気からまったく解放されて、しっかり働いている。

●母親の位牌の置き場所

50代なかばの女性からの相談。実家の母親が亡くなったという。父親もなく、兄弟もいない。母親は一人暮らしだったことから、これで、実家の縁者がその相談者を置いて誰もいなくなってしまった。

その母親の仏壇をどこに置けばいいかという相談である。嫁の立場として、嫁ぎ先の神の間に置くわけにはいかないらしい。ましてや玄関にも置けないし、スペースもない。テレビ台の横に置いたが、音がしてずいぶんと騒がしい。家族の視線も気になる。零先生はずいぶんと幅広い相談を受け付けているようだ。

これにもトウィンクルカードを引いて対応する。

引くと、台所がいいという。リーディングして台所を見ると、食器棚の脇が空いている。

そのように女性に伝えた。「お母さんもいつも台所で働いているあなたを見ていたいようです」とも伝えた。

その後、女性はトウィンクルカードの講座に参加し、その後の話をしてくれた。指示のとおり食器棚の脇に置き、毎日水をあげて手を合わせているという。守られているようでありがたいということだった。

「で、母親は何か言っているでしょうか」と問う。カードを引いて零先生は答えた。

「お母さんはあなたに『生まれてきてくれてありがとう』と言っています」と言った。

これを聞いて、相談者本人はもちろん、講座参加者全員が泣き出してしまった。

●元気のない猫

全部がこのように重い話ではない。軽い話もある。これは一人暮らしをしている若い独身女性から相談である。

「猫が元気がないんです」という内容であった。他愛ない話に聞こえるが、飼い主には真剣なことである。

トウィンクルカードを引くと「猫に居場所がなくなった」と出ている。これではよくわからない。

「最近模様替えでもしましたか」

「引っ越してちょっとになりなります。それまで段ボールで一杯だったのですが、このまま思い切って整理にとりかかり、段ボールを全部捨てました」と応える。

「それが原因です。猫はそれら段ボールを自分の家と思って遊んでいたのです。居場所をつくってあげることです」とアドバイスした。

これで悩みは解決した。遊び場を与えることで、猫は元気になった。

■トウィンクルカード講座を開設

もっとも、トウィンクルカードは相談者の望むような解答ばかりが得られるわけではない。不本意な解答にショックを受けることもある。だが、それを自分の意図でねじ曲げることは正しい使い方とはいえない。

また、カードにガイドはついているが、そのガイドはあくまで一般論であり、引いた人によってそれぞれの解答がある。その読み方の奥が深い。それを正確に伝えるために、零先生はトウィンクルカードの講座を開いている。江ノ島の海の見える会場で行われ、これも好評だ。

最後に読者へのメッセージをお伺いした。

「トウィンクルカードでわかったことが一つあります。それは、質問が出たとき、その解答をあなた自身がすでに持っているということです。トウィンクルカードはあなたが持っている解答を示すものに過ぎません。迷いの先には光の道があります。それを見せるのがトウィンクルカードです。ご自分を信じてください」と答えた。

太陽が降り注ぐ海の見える会場

人生に気づきと最良の変化をもたらす
愛の伝道師

夢告げ（ゆめつげ）

更紗《さらさ》らさ先生

得意とする相談の内容：相手の気持ち、漠然とした不安払拭、復活愛
運気向上、精神安定、今後の生き方
亡くなった方のメッセージ、ペットの気持ち

施術手法：霊感タロット、霊視、霊聴、ネームリーディング、数秘術、手相
九星気学、チャネリング、浄化、レイキ、オーラリーディング
カラーセラピー

施術方法：対面、電話

時　　間：11：00～22：00　不定休

料　　金：対面・電話　4400円／20分、対面延長1100円／5分（対面）
電話延長220円／1分

住　　所：〒160-0022　東京都新宿区新宿2-3-16
ライオンズマンション御苑前304号

電　　話：03-6380-0240

ホームページ：http://fairy2004.com/yumetuge/
（初回予約はホームページのオーダーフォームからお願いします）

メールアドレス：sarasarasa4999@gmail.com

緑豊かな新宿御苑からほど近く、駅からも徒歩2分という交通至便な場所にある占いサロン「夢告げ」。サロンに一歩足を踏み入れると、天使の置物やパワーストーンが出迎え、鼻腔に伝わるアロマの香りに心も身体も浄化される。オーナーの更紗らさ先生は、豊富な経験や技術、高い霊能力による鑑定と的確なアドバイスで評判が高く、予約もすぐ埋まってしまう人気の占い師だ。神秘的な雰囲気を纏う美しい先生だが、その歯切れのよい言葉は胸にストレートに響いてくる。

■相談者の一番良いところを見て鑑定を実施

更紗先生の鑑定では、まず相談者の名前と生年月日（お相手の生年月日は不明でも鑑定できます）を聞き、霊感、霊視の他、多岐にわたる占術も合わせて読み解いていく。恋愛や結婚など相手がいる鑑定の場合は、相手の気持ちのリーディングも行う。また、タロットや霊視などの技術、対面の場合は手相も駆使して鑑定し、結果を導き出してアドバイスを提供。さらに、相談者のエネルギーやオーラを診断し、最後に人生を邪魔している霊的なもの、マイナスのエネルギーを浄化してくれる。

「私は鑑定をするときに、相談者の方の一番良いところを見るようにしています」と先生は話す。「世間では〝愚痴を聞かされやすい〟〝文句を言われやすい〟〝仕事を押し付けられやすい〟と不満を持つ方がいますが、それはその人が持って生まれた能力で、良いところでもあるんです。裏を返せば〝人の話を聞く能力がある〟〝見込みがあるから意見される〟〝信頼されるから仕事を任される〟ということ。そうした自分の持って生まれた能力を使っていないから、人生がうまくいかないこともあるんですよ。悩みというのは、その人を守っているエネルギーが生まれつきの能力に気づかせるために与えるもの。それなのにそのメッセージを受け取らずに〝私はなんて運が悪いんだろう〟と思ってしまう人が多くいます。〝嫌なこと〟が起こるのは、自分の良いところに気づくためなんです」

（更紗先生）

鑑定により、本人の一番良いところを引き出していく。明日からも頑張って生きようと思う、そんな鑑定をしてくれるのが更紗先生である。中には、毎週前向きになるために訪れる相談者もいるという。

■悩みには「乗り越えるもの」と「逃げるもの」がある

先生は悩みの意義について、「〝乗り越えなさい〟という上からのメッセージでもあるんです」とも説く。「悩みを乗り越えることはプラスのエネルギーにもつながります」

つらさを克服することが結果的に自分のエネルギーを高めることになるのなら、頑張ろうという気持ちも湧いてくる。

ただ、いつも「乗り越える」ことが解決策になるとは限らない。「逃げなさい」と言われる状況もあるという。「立ち向かっても克服できない場合もあり、そこで頑張り過ぎると命を落とす可能性があります。そういう場合は逃げるという選択肢を取るようアドバイスしています」

このように先生は、「乗り越えなさい」か

「逃げなさい」のどちらを選択すべきかを鑑定で導き出し、最善の方法や行動を相談者に伝えてくれる。後出の体験談のKさんの場合は、高次から「乗り越えなさい」と言われている例だという。

この誰もが抱える〝悩み〟について、先生は「なんかうまくいかない…そんなとき」と題したご自身のブログのエントリーで、次のように書いている。

> なんかうまくいかない… 運気が悪い気がする… いままでこんなことなかったのに…
>
> そんな時、これ以上悪くなったらどうしようと焦りますよね。正直、私だってあります。スランプかなと。生きていたら調子の良いときも、悪いときもあります。365日トラブルなしだったら、幸せな事があたりまえになってしまいますもの。
>
> このなんかうまくいかないときにこそ、学びがあるんだと私は捉えています。失恋して苦しい時に、必死に本を読んだり、気持ちを紛らわそうとして今まで目に行かなかった物に目が行ったり、仕事でうまくいかなかった時に、もっと勉強しようと思ったり、転職を考えて改めて自分の生きる道を模索してみたり、運気が悪いなと思って、神社に行って良い景色を見たり、人に親切にしようと、自己を啓発しようとしたり。

ずっとラッキーハッピーだったら、成長がないんです。辛いときは、神様が目線や考え方を変えるチャンスをくれたと思って、その苦い薬を服用してみて下さい。自分の中の何かを変えていけ、という時期が来たという事です。

胸にストンと落ちはっとさせられる、優しいメッセージ。その他のエントリーも、心に気づきや栄養を与えてくれるものばかりなので、ぜひ読んでみてほしい（http://ameblo.jp/sarasara4999/）。

■祈りと感謝だけでなく、行動を起こすことも大切

先生に予約が殺到するのは、単に「当たっている」からだけではない。恋愛や結婚生活などの場合、先生は相手の心や感情などをしっかりと読み取り、それに基づいて相談者が取るべき最善の行動も教えてくれるのだ。そのアドバイスは極めて的確で、助言通りに行動すると状況が必ず好転する。それに加え、悩みに親身になって寄り添ってくれる先生の真摯な姿も、鑑定希望者やリピーターが増え続ける理由だろう。

だた、先生によると留意してほしいことがあるという。「スピリチュアルに興味を持つ人の中には、ただ祈っていればいい、感謝をすればいいと誤解をしている人もいます。でも、それだけではなく、行動を起こさないと意味がないのです。よく〝占いでこの時期に出会いがあると言われたけど、全く出会いがない〟という方がいますが、出会いたいと祈っているだけでは何も始まりません。自ら行動を起こして合コンする、お見合いサイトに登録する、語学やお稽古事を始めるなど、何かしなければ人と出会うことはないんです」行動することは、結果を得たいのなら、祈ることと感謝することと、併せて必然のことなのだ。

パワーストーンのアクセサリーなどについても同じことがいえる。「ただ、ブレスレットをすれば大丈夫というものではありません。行動をプラスすることで、人生は変わります。これさえ持っていればということではないんです」〝もの〟に依存しがちな人にとって耳が痛い話かもしれない。だが、こうした心構えを持つこと、行動を起こすことは、悩みを解決することに留まらず、自分自身を成長させることにもつながっていく。

■今の状況が奇跡ということを忘れない

毎日多忙な先生だが、この世界に入る前は別の仕事をしていた。その分野で経験を積み責任のある立場になると、取引先でも役職者とのやり取りが多くなる。そうした中で先生は、いつのまにかいろいろな人から相談事を持ち込まれるようになった。仕事、私生活に加え、相談に忙殺される毎日。かといって取引先の人を無下にはできず、先生は相談を受け続けたが、忙しさのあまりノイローゼ寸前に。そんなときにふとしたことで出会ったのがタロットだった。

「タロットを始めたらとても面白くて、まさしく腑に落ちました」やがてその才能を見出された先生は、ある占い館に誘われる。はじめは、本業が忙しいと断っていたが、断り切れずに仕事を受けたところ、「鑑定してもらうと結果が出る。前向きになれる、彼氏ができる」と評判になり、多くの相談者が訪れるようになった。その後占いの仕事一本に絞り、今に至る。

「私は今の自分の状況が奇跡だと思っているんです。宣伝していないのに、鑑定にもスクールにも多くの相談者の方や生徒さんが来てくれる。だから一日何度も感謝していいます。朝出かけるときや、サロンに入るときには、〝こうやっていられてありがとうございます〟帰宅するときにも〝今日も無事に過ごせました。ありがとうございます〟と言って神棚に手を合わせるんです」その言葉には、売れっ子であるのに謙虚な気持ちを忘れない先生の人柄が表れている。

さらに先生はすでに占い師として確固たる地位を築いていても、熱心に勉強を続けているという。まさに前述の〝祈って感謝して行動する〟を体現しているのだ。

■夢告げ占いスクールからプロが多数輩出

先生が鑑定とともに力を入れているのが、占いスクールだ。基本的にはすべてプライベートレッスンだが、希望があれば友達同士など2名での受講も可能である。現在8種類の講座を開講しているが、占い師を目指すなら、最低でもインスピレーションタロット、九星気学、数秘術、さらに対面鑑定では手相鑑定の技術も必要になるという。各コースの詳細は、「夢告げ」のホームページで確認してほしい。

「スクールでは、〝生徒さんがプロとして仕事ができるように〃ということを考えて教えています」と先生は話す。もちろんプロになるのはかなり厳しい。だがそのような世界へ、先生のスクールからは何人もがプロとして羽ばたいていている。「生徒さんは〃占いを学ぶ〃という直感が上から降りてきた人、本気で習いたい人ばかり。そういう人なら何歳からでも始められます。私も〃相手の立場に寄り添って占う〃という方法をきっちり教えています」

スクールには先生の鑑定を受けたことがある人も多い。「私が先生の鑑定に救われたように、他の人の役に立ちたい」という理由か

ここからプロが生まれる

らだ。スクールから何人もの占い師が誕生しているのは、先生と生徒が真剣に向き合っているからこそのこと。「でも、この期限までにマスターしたいと急ぐより、3年ぐらいかけてゆっくりというペースがいいんです」

■高次のエネルギーとつながるには、自分をジャッジしないこと

人生には悩みがつきることはない。悩みをきっかけにひと回り成長し、ひいては高次のエネルギーとつながるにはいったいどうしたらよいのだろうか。その問いかけに先生は、「まずは心にあいている穴を埋めてください。穴があるということは、〃本当は一番何がほしいのか、何が一番したいのか〃という本当の心に気づいていないということです」と答えてくれた。「恋愛をしたいと言い続け

ている人が、本当は何かの代わりとして恋愛に逃げているだけということもある。仕事で認められても、求めるものがそこにないから満足できない。自分の穴ってどこなんだろう、本当に望んでいるのは何なんだろうと探してみてください」

先生はこんな例を挙げてくれた。ある地方在住の女性会社員は、〝仕事を頑張っているのに上司が認めてくれない〟という悩みを抱えていた。この女性には、かつて都会での生活や仕事が忙しすぎて恋人を作る暇もなく、疲れ果てて地元に戻ったという経緯があった。しかし、地元で働きながら生活するうち、本来の望みを忘れてしまい、また仕事しか見えなくなってしまったのだった。東京を離れ地元に帰った目的は「結婚相手を見つけて幸せになりたい」ということだったはず。先生が、目の前のことにとらわれすぎていると指摘すると「そうでした。仕事はのんびりやりながら、本当はここで好きな人を見つけて穏やかに過ごすのが目標だったんです」と本来の望みを思い出し、納得した様子だったという。

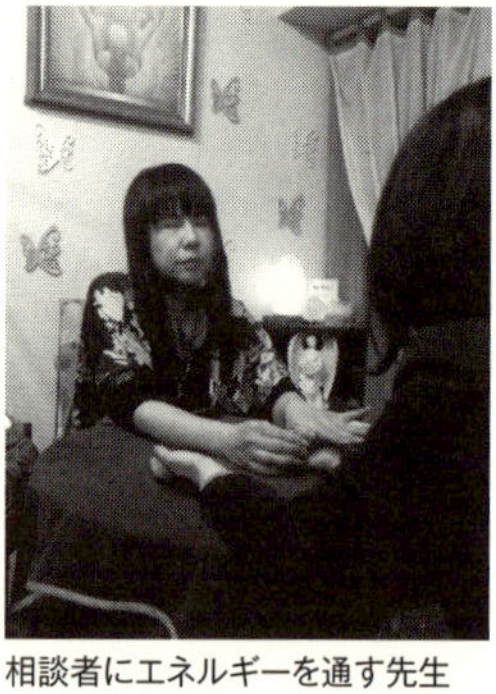

相談者にエネルギーを通す先生

魂が何を欲しているのかは、自分から1メートルぐらい離れて、自分をジャッジしないで見られるようになったときにはじめてわかるそうだ。「ありのままの自分を知る、穴を埋めることで本当の私とつながる。それが高次とつながることだと思います」自分をジャッジしないで見ることは、結果的には成長すること、そして高次の存在につながることへの鍵となる。

力強い言葉の端々に優しさが滲む先生は、今まで鑑定で多くの相談者の悩みをプラスのエネルギーに変えてきた。これからも多くの人が先生の下を訪れるだろう。決して受身にならず、感謝し祈り続け、先生のアドバイスを受けて行動を起こしてほしい。その先には、きっと前とは違う人生が待っているだろう。

体験談
●Kさん　女性　50代

単身赴任中の主人の女性関係に悩み、更紗先生に相談させていただきました。

それまで、夫婦仲は良かったのですが、突然私に対してよそよそしくなったり、怒りっぽくなり始めたのです。不安でじっとしていられず赴任先に行くと、明らかに他に女性がいる気配がありました。話をつめると「離婚したい」と言われてしまいました。そこで更紗先生に鑑定をお願いして、話を聞いていただきました。

先生から「やはりご主人には女性がいるようですね。今は浮気のことは一切口に出さず、家事をきちんとして優しく接してください。家には帰らないでこのまま嫌われてもご主人と住んでいて下さい」という助言をいただきました。

相手の女性とはある会合で出会い、向こうから積極的にアプローチしてきたようです。また、彼女は怪しいスピリチュアルに傾倒しているようで、妻である私に〝悪い念〟を送ってきたのです。彼女のネガティブな念を受けたせいか私の体調は悪化。さらに、夫の暴言やモラルハラスメントもひどくなるという最悪の状況を体験し、心は悲しみと怒りでいっぱいでした。そんなとき、いつも先生は「絶対にご主人は戻るから」と浄化の仕方や主人への対応のアドバイスをくださり、さらには、主人の気持ちが彼女から離れていくように浄化をし続けて支えてくれました。

あるとき、先生から亡くなった義父と義祖母のお墓参りを勧められました。二人とも私を守ってくれているとのことでした。また、義父からの「息子はバカなことをしたけどわかってあげてほしい、守ってあげてほしい」というメッセージも伝えてくださいました。

お墓参りの後は、心も体も楽になり、様々な場面で〝守られている〟と実感できました。

それでも、こちらを見ようとしない冷たい夫との生活に疲れてしまい、夫に何度も言われるまま離婚してしまおうと思いましたが、その度に「もう少しだから、彼は戻るから」と力強く言っていただきました。

そして何回か鑑定をしていただいた後、驚いたことに、それまでいくら頼んでも聞く耳を持たなかった主人が、その場で相手の女性の連絡先をすべて携帯から削除してくれたのです。

それがきっかけで彼は不倫相手と連絡を取るのをやめました。私の所に戻ってきてくれたことを肌で感じています。今はほっとして心が穏やかになり、もう一度夫婦で向き合っていける感じがします。

何度もくじけそうになり、仕事も手につかなくなり辛かった3カ月間、更紗先生がいなかったら別れていたと思います。先生から「ご主人はあなたを愛している し、深いところで絆がある。手を離さないであげて」という彼の心の奥にある気持ちを聞き、思い留まったのです。そうでなかったらこんな日はこなかったでしょう。

先生には本当に感謝していま す。私が今まで出会った占い師の方々は、スピリチュアルだけ、カウンセリングだけと、どちらかに偏った占いが多かったのですが、先生はこの両方の面でとても頼りになりました。多くの方がこの体験談を読んで更紗先生の素晴らしい導きで救われること、幸せになることをお祈りしています。

●Rさん　女性

先生のスクールで勉強し、プロになって3年目です。幼少期にあった霊感が震災後復活し、恐怖に耐えられず更紗先生に何度も鑑定をしていただいたことがきっかけでした。「しっかり勉強すれば不安を鎮められ自分の安全対策にもなり、仕事につながっていきます」という言葉で勉強する決意ができました。

先生は多くの手作りの資料を使って、私が理解できるまで何度もリピートして教えてくださいます。そんな先生の真剣に向き合ってくださる姿勢からも多くを学びました。また、教室に入った瞬間、何も言わないのに体調など、私のコンディションをわかってしまうのです。疲れているときなどはクールダウンさせてくださり、学びやすい環境を作ってくれました。

具体的に鑑定の仕事に合格するための勉強やアドバイスなど、プロになる道筋もつけてくださいます。めげそうになる私を「自信を持って大丈夫」と励ましてくださり、授業中感動して「ここへ来てよかった」と泣いてしまうことすらありました。カードの読みの深さ、言葉の奥深さ、優しさ、どれをとっても先生以上の占い師はいない。そしてこんなに丁寧に教えてもらえるスクールはほかにはありません。

今不安はほぼなくなり、タロットに必要な直観力もかなりついてきました。更紗先生は私が持っているものをすべて見抜き引き出してくれました。

「あなたの人生にはチャンスがある」と自信が持てるように導いてくださったことで今の私があるのです。私自身、自分が行う鑑定で相談者の方に「人生にはチャンスがある」と希望を持ってもらいたい。そして先生から「あなたに教えてよかった」と誇ってもらえるようになりたいと日々励んでおります。私の人生に大きなチャンスと自信をくださいました更紗先生、本当にありがとうございます。

エネルギーこそすべての源泉！ あなたのエネルギー体を理想に近づけ、健康で思い通りの自由な人生を歩みましょう

エナジーサロン流天

西城隆詞《さいじょうたかし》先生
原《はら》まどか先生

得意とする相談内容：エネルギーヒーリング、エネルギー能力の向上
全ての浄化、波動の向上、天上天下の魂の浄化
その他物事、関係性の改善、近未来診断、ヒーラー育成
施術手法：ヒーリング、チャクラマンダラヒーリング、羽ヒーリング
施術方法：対面、遠隔、電話、スカイプ
時　　間：10：00 ～ 19：00（受付 18：30 まで）定休日：木曜日・日曜日（第 1、第 3、第 5）月曜日（第 2、第 4）完全予約制
料　　金：ヒーリング　10000 円 /50 分、フェイシャルヒーリング　6000 円 /30 分、プレミアムヒーリング　12000 円 /60 分、羽ヒーリング（絵）　12000 円 /30 分、スピリチュアルガイドリーディング（絵）20000 円 /40 分
住　　所：〒 150 - 0001　渋谷区神宮前 5 - 46 - 29 クレスト神宮前 202
電　　話：03 - 6427 - 9754
ホームページ：http://www.uwltem.com/
予約、お問い合わせはホームページから

「万物はエネルギーで構成されている」と西城先生は考える。正常なエネルギーは球体をしている。球体のバランスの崩れやエネルギーの流れの滞り、粗い波動などは人間の健康や物事の不調和を表現しているという。

その語り口は穏やかだが、説得力がある。理論展開もわかりやすい。そして「例えば……」と、人を構成するエネルギーの状況をさらさらと絵にする。「エネルギーの羽」も絵に描き表し、ヒーリングすることが出来る。これはメニューにもなっている。人にはすべてエネルギーの羽が備わっており、そのマンダラデザイン的な形状やカラーでエネルギー状態がわかる。この不調和を浄化ヒーリングし、波動を向上させ進化するスピードを上げるのが、エナジーサロン流天の羽ヒーリングだ。

驚くべきことは、これらの絵が卓越して巧みなことだ。訊くと西城先生は、元アニメーターであるという。ディズニーアニメの作画監督までしていた。原先生も美術大学を出ている。

これもあって、サロンではヒーリングやレッスンはもちろん、先生方の描いた絵画やデザインしたグッズに、流天の

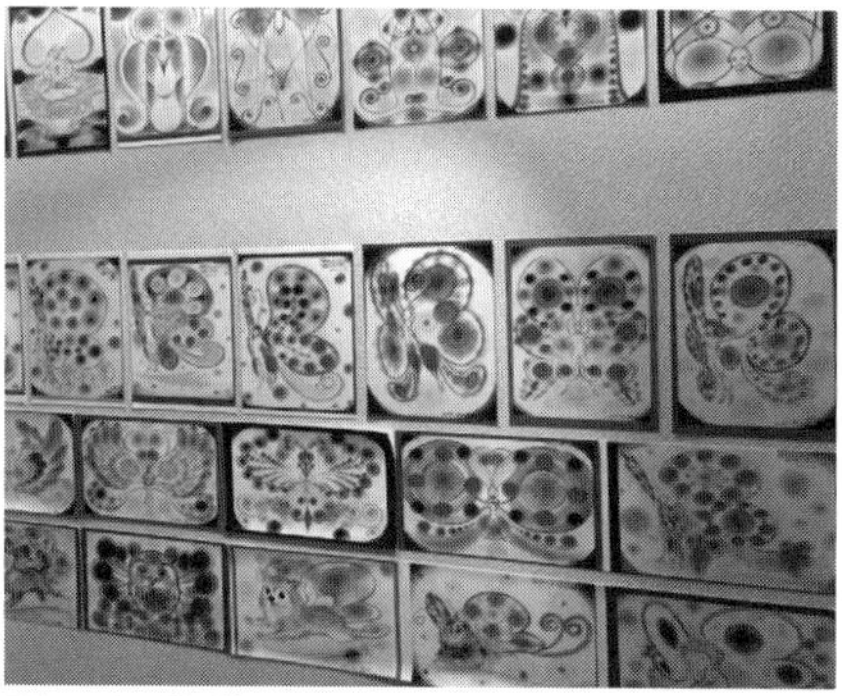

羽ヒーリングの絵

エネルギーを封入し販売している。スピリチュアルの世界では、絵を得意とする先生は多いが、ここまで完成度の高い絵を提供するサロンはここだけであろう。抜きん出ているのである。

■すべての根源はエネルギー

球体のエネルギー体は、縦方向に上下があり、これが入口と出口となっている。地球でいえば北極と南極。横方向には前後左右があり、地球では東西南北となる。さらに、エネルギー体は上部が右12回転し、中心にエネルギーが到達すると逆回転となり下部が左12回転で、また上に右回転と左回転で戻って行く。これも地球とまったく同じであり、さらには太陽系とも同じである。（図A）

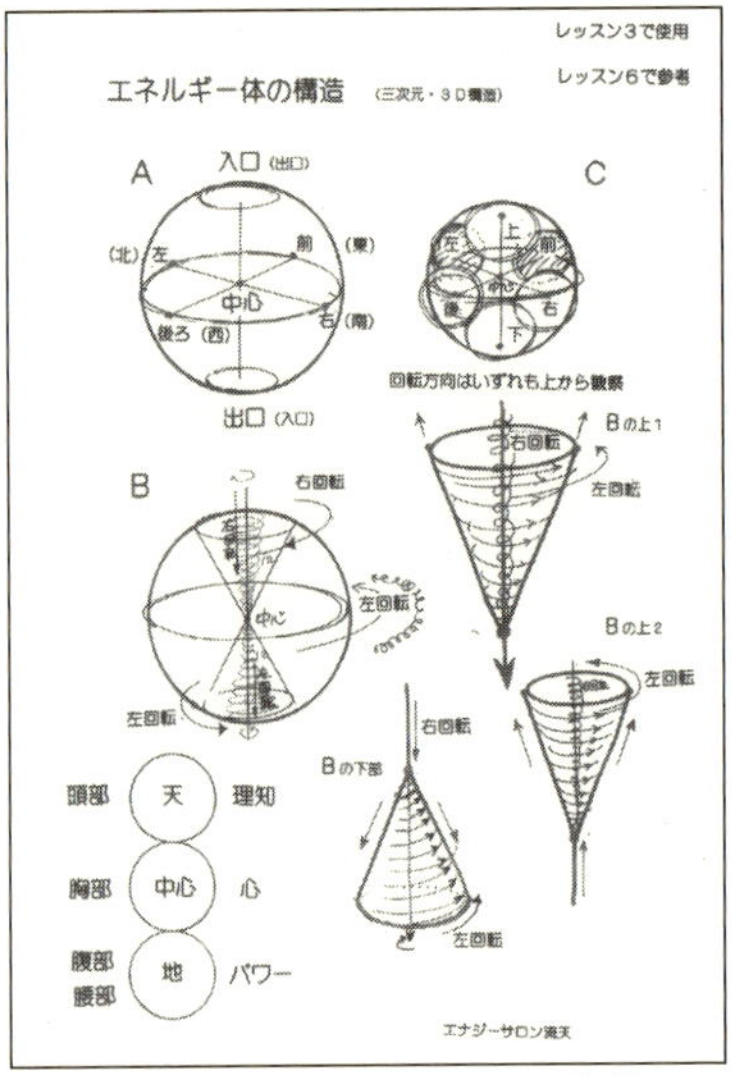

図A　エネルギー体の構造（三次元·3D構造）

これと同じ構造が人間を包むエネルギー体の中に存在する7つのチャクラである。これらチャクラ一つひとつがエネルギー体であり、丸いきれいな球体となっている。そして、7つのチャクラも含め、人間の情報を構成する一つの大きなエネルギー体となっているのである。これをもって「万物はエネルギー体で構成されている」となる（図B）。

　ところが、健康や人生に問題を抱えている人は、個々のチャクラが不揃いで、機能していない。「チャクラは本来であれば完全な球体です。しかし、チャクラの前の入口が小さかったり、うしろの出口が小さいこともあります。各チャクラはそれぞれの波動を放出、そして吸収しています。チャクラのバランスを崩している場合はそれなりの理由があります」（西城先生）

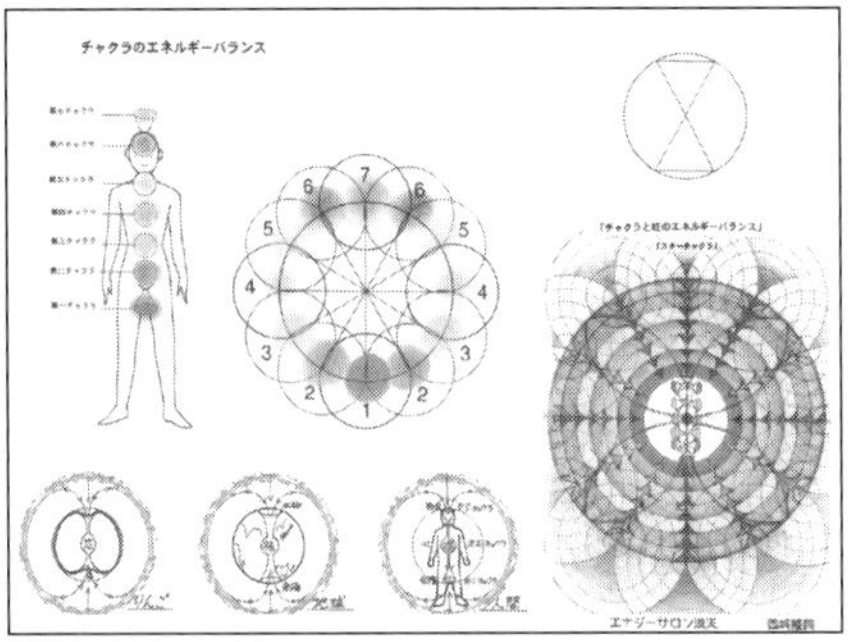

図B　チャクラのエネルギーバランス

■エネルギーの状況をビジュアル化

　心身の状態、さらには環境や運勢までがエネルギーに現れる。逆にいうと、エネルギー体をヒーリングすることで、本来持っている理想的な状態に向かうことができる。

　西城先生はそのエネルギー状態を自動書記によって描く。そして、ヒーリング後の、バランスを回復したエネルギー状態も描いて、見せてくれる。それが図Cである。アンバランスでエネルギー不足の状態（左側）が、ここまで完全な球体に戻る（右側）。

　エネルギーのアンバランスが与える影響

は、人体やスピリチュアルな物事に限ったことではない。ビジネス上のプロジェクトも、エネルギーのアンバランスが流れの滞りを発生させる。エネルギーの不調和で経営も良い流れに乗れない場合がある。企画書を見ながら、「会社と採用する社員の相性」「技術力」「資金力」「モチベーション」「リーダー」等、一つひとつの要素をチェックしていく。バランスをチェックした後に、それらをエネルギー体としてヒーリングし、調和を回復する。

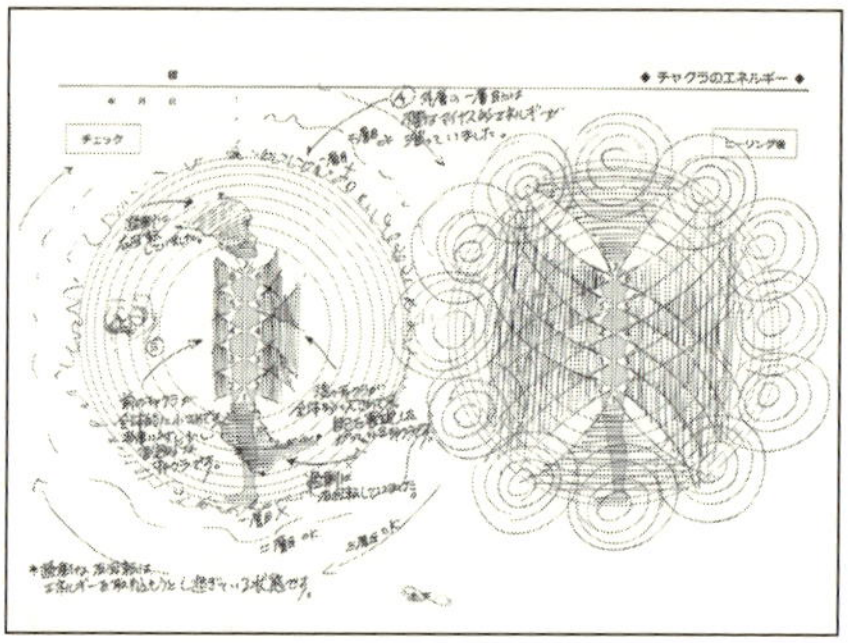

図C　ヒーリング前後のエネルギーの状況

「流天の考え方はシンプルですよ。すべてをエネルギー体として捉え、ヒーリングするのですから」と西城先生は語る。こうして、人生における健康やビジネス等の生活全般の流れを、理想的な状態に整える。シンプルなだけにわかりやすい。素直に頷くことができる。

■ウエルテン　愛と感謝のエネルギー

万物すべての源泉はエネルギーである。これをエナジーサロン流天では「ウエルテン」と表現している。従来の言葉では表現しきれないため、作り上げた言葉である。

「宇宙の叡智である愛と感謝のエネルギーマンダラ」は

・Universe ・Wisdom ・Love

・Thanks ・Energy ・Mandala

なので、これらの頭文字を並べるとUWLTEMとなる。

これを「ウエルテン」と表現している。

ここまで理論立てているほど、エナジーサロン流天はエネルギーを重視している。

興味深いのが最後の「Mandala」だ。Mandalaは円を表し、中心があり、丸く満たされているという意味だが、先に紹介したエネルギーの羽もチャクラの完成された円も、最終的にMandalaの形になる。

流天では、Mandalaをエネルギーの結晶と考えている。曼荼羅は太陽系や銀河系の宇宙を表現していて、すべてのエネルギー体に存在している。

■エネルギーヒーリング

エネルギーの質について説明したい。

エネルギーはすべて同じではない。さまざまな特性があり、その代表的なものに「波動」がある。仏教のお釈迦様にも釈迦という波動があり、キリスト教のイエス様にもイエスという波動がある。波動が高いか低いかはエネルギーの質に関係する。既存のヒーラーや霊能者も、身に付けた施術や所属している団体により、さまざまな波動を発している。

この波動を高めるために西城先生は「戦わ

ないこと」と話す。戦わない波動、すなわち「愛と感謝」の波動が、より高次元な波動となる。ウエルテンのエネルギーの波動は、「愛と感謝」で構成されているのである。

戦うことによってエネルギーが消耗され、エネルギー体のバランスを崩す。逆に物事に万遍なく感謝することによりエネルギーは増幅し、滞りを発生させることが少なくなる。

バランスを崩して発生した不要なマイナスエネルギーを浄化ヒーリングし、バランスを元に戻し、完全調和したエネルギー体にする。それがもっともベーシックなヒーリングである。体のどこに触るわけではない。お客様はベッドに横になり、先生方は二人で静かにエネルギーを送る。それで図Cでお見せしたようなエネルギーのバランスが回復する。

■スピリチュアルガイドリーディング

いつから西城先生は、自動書記の能力を身に付けたのか。それは、スピリチュアルガイドの存在を感じるようになってからである。

それまでは会社勤めのアニメーターで、スピリチュアルの世界とはあまり縁はなく、いたって物静かなクリエーターであった。

ある時、神社好きのグループの旅行で出雲大社へ行くことになった。その時、西城先生は仕事が山場を迎えており、手が離せず、行く事が出来なかったが、妙に出雲大社が気になる。関連する神様も気になる。それが高じたのか、その日の真夜中に、見えない存在との会話ができるようになったのだ。かなり後になって、声の主がスサノオノミコトであることがわかった。

出雲の国を代表するスサノオノミコトと神代の話等も対話するようになった。

やがて、文字や絵も神やスピリチュアルガイドとの対話で描くようになった。例えば古事記の先頭に出てくる「天之御中主命」（アメノミナカヌシノミコト）の絵。宇宙根源の神だから姿もない。その姿をスサノオノミコトのガイドによって西城先生はエネルギーの絵として表現した。

先生は、スピリチュアルガイドの存在もエネルギーの絵として表現することができる。これが「スピリチュアルガイドリーディング」である。自分を守り、導いてくださるスピリチュアルガイドを絵に描いてくれる。このリーディングを受けた人は、お姿を目にすることで、スピリチュアルガイドとの繋がりを深め、よりレベルの高いステージへと進むことができるようになる。

■レッスンを受けてヒーラーになろう

エナジーサロン流天にお伺いすることで、自分のエネルギー状態がわかり、理想的なバランスに回復することができる。ソフトもハードも、存在する万物はエネルギー体で構成されており、健康もビジネスもエネルギー体をヒーリングすることで整えることができる。

このシンプルで完全調和しているエネルギーでヒーリングを行う、エナジーサロン流天は、オープン以来、実に多くの方が訪れ、支持されるようになった。

「しかし」と、西城先生も原先生も口にする。

「これからは他者からヒーリングを受けるだけではなく、自らエネルギーチェックやヒーリングができるようになったり、家庭内のヒーラーやプロのヒーラーになりましょう。そして、素晴らしいエネルギーを感じながら調和しつつ生きていきましょう」と話している。そのためのレッスンも提供しており、多くの生徒が学習し巣立っている。

プロのヒーラーを目指し開業されている人もいるが、ほとんどは自分で自分の人生を切り拓いていきたい、転職を機に新たなビジネスに取り組みたい、今いる業界で大成したい……という自分の人生をより良いものにしたいと考えている人たちが多い。そのような人たちをエナジーサロン流天は強力に支援しているのだ。

■ご感想

●ヒーリング

東京都　Y・Kさま

ヒーリング、不思議な体験でした。

足は冷えているのに、お腹のあたりがグーッと熱くなり上の方に盛り上がるような。

その間いろんな人の顔を頭の中でイメージしました。

さまざまなマイナス感情が無くなったら、後には何が残るんだろう？　と思ったら、「感謝ですよ」と声が聞こえた？　というか頭にパッと浮かんだというか…。そうだ、感謝だなぁ。ありがとうございます。と思ったら目頭があつくなりました。

本当にありがとうございました。

●羽ヒーリング
東京都　B・Yさま

今年も本当にお世話になりました。

昨年末、羽を描いて頂いた時はまだ会社が毎日辛くて、席に座っているのも苦しくて、華やかな羽を見れば元気が出るかも、と羽の絵を飾っていました。

それが一年経った今はおかしな人はいなくなり、周囲からはいつも助けられ、自分の席でも随分リラックスできるようになりました。

プライベートでも振り返ればとても幸せな一年でした。

●プロヒーラー育成コース
名古屋市　U・Tさま

レッスンでは毎回、わかるまで、できるようになるまで、丁寧に繰り返し教えていただけたので、私のような初心者でも、エネルギーのことがどんどん身に付いていき、楽しくてうれしい時間になりました。

ワクワクする気分がずっと続きました。

特に、サロンの貴重なお時間をいただくことになるのにもかかわらず、マンツーマン形式でレッスンを受けられるというのは、とてもありがたいことでした。

西城先生のご研究の成果を私の能力に合わせてじっくりと真剣に教えていただけたので、疑問に思うことが即座に解消し、理解が早くなり、実習がうまくできるようになったと思います。

レッスンの後は、記憶が薄れないうちに近くの喫茶店に行き、習ったことをテキストに書き込むようにして、すぐに復習しました。

基本はウエルテンでのエネルギーチェック。これからの毎日の生活や仕事の中でエネルギーを使い、実践し研鑽していきます。

基本を大切にして、レッスンの最後にお話しいただいた「自分ならでは」というものが出てくるようになることが楽しみです。

宇宙の叡智である愛と感謝のエネルギーマンダラに感謝します。

悩みの解決がゴールではありません
あなたの魂の目的の具現化をサポートします!

結《ユウ》希《キ》シゲコ先生

得意とする相談内容： 人生全般の悩みの根源の解消、
スピリチュアル・自己啓発ジプシーからの解放
今ここを生きる自分軸の確立
魂の目的の探求と具現化のサポート

施術手法： カウンセリング、ヒーリング、チャネリング、占星術やソウルプランを使っての魂の青写真リーディング

施術方法： 対面、遠隔、通話（電話・Skype）

時　　間： 応相談

料　　金： 対面 35640 円～／電話 32400 円～

電　　話： 090 - 4385 - 7935

住　　所： 千葉県浦安市

ホームページ： http://ameblo.jp/soulfreeys

メールアドレス： soulfree.ys@gmail.com

「悩みを解決すれば幸せになるのではなく、不幸だと感じる根源を知ることで悩みは消えていきます。本当の幸せは、生まれてきた目的で本当の自分を生きることです」と、開口一番にシゲコ先生は訴える。

他の先生とは異なるアプローチをする、根強いファンを持ち、特殊な理論と魅力を持っている先生である。

■三次元はうまく行かない仕組みだった

人生がゲームであるならば、ゲームを攻略するにはその仕組みを理解することが重要である。「この世の中はすべて『相対』でできあがっています。表は裏があって初めて表になるというふたつ揃って定義するものを『相対』と呼ぶ。この相対を超えた境地に達すると、人生が一気に拓けてきます」と、これも難解なことをサラリと語る。

「三次元で生きている私達は、良い・悪い等の二元性の世界で生きていました。実は次元をひとつ落として生きていたのです。三次元を望み通り生きるには、次元をひとつ上げることで可能になります。それが私のお伝えしている相対を超えた高次元意識の境地です」

■ネガティブを使うという新しい概念

「陰陽のシンボル『☯』がすべてを表しています。陽極まると陰に反転し、陰極まると陽に反転します。どちらかに偏ると宇宙はバラ

ンスを取りたがり反転する…これが宇宙の法則です」（シゲコ先生）

例えば、薬には、好作用と副作用がある。副作用がイヤだからその成分を抜いてしまったら、好作用も起こらない。陰と陽があって、完璧であるということを表しているのが陰陽のシンボルである。

人生においても同様で、光と影は表裏一体で、影を消してしまうと光も同時に消えてしまう。ネガティブは消すものではなく、使うものだという。

■悩みを根本から解放する鏡の見方

三次元の世界を構成している相対からの脱却は、この世界を自分が創り出していることを腑に落とすことで可能となる。

その例として、先生ご自身の体験を語った。

幼い頃から父親に「時間だけは守れ、時間に遅れる人間は信用されない」と言われて育ってきた。遅刻が大嫌いなのに、ＯＬ時代周囲には遅刻する人に囲まれ毎日イライラしていたという。そんな時、この世の仕組みを知り、すべての謎が解けた。自分が遅刻しない人だという無意識の優越感を味わいたくて、周りに遅刻する人を集めただけだったことに気づいたのである。

もっと掘り下げていくと、なぜその優越感を味わいたかったのかが見えてくる。それは遅刻しない人でいれば父に愛されるという思いだった。その事実に気づいた後、表が無くなれば裏も無くなるように、所属の事業部が二分化され遅刻する人達が目の前から消えたのだ。

現実は鏡の世界というが、その鏡自体にトリックが隠されている。鏡を見ながら右手をあげると鏡の中の自分は左手をあげている。自分の姿が反転して映っている。反転している自分が映っているとは気づかずに、正反対の人がいると思っている状態だ。そして、鏡の中の自分から外の自分を見ると、右手を上げている。真実の自分の姿に辿り着くには、一方通行ではなく、往復する必要がある。ひとつを表すには『ふたつ』のエネルギーが必要であるという仕組みを表している。

人間も男性性と女性性というふたつのエネルギーでひとりの人間が形成されている。その内側のバランスを整えることで外側という現実のバランスも整うのである。

■男性関係と母親との関係に悩む女性の事例

相談内容は、①母親のことで、干渉しすぎ束縛してくる②男性関係のこと、なぜかダメンズに言い寄られる。現在、二人の男性と交際中で情けないところがイヤという内容。

束縛されて困ると言っているのは表面的なことであり、本人にとって深いところで、うま味があるからその現実を引き寄せている。

まず、幼少の頃の親子関係などを聞くと、両親が多忙だったので、いつも顔色を窺っていたとのこと。母親に甘えてかまって欲しかったが我慢していた。だから、自分の中で甘えることをタブーとするルールを作った。目の前の人にイライラするときは、自分の中にタブーとしているルールがある場合が多い。母親にイライラするのは、この女性が我慢していた「かまってかまって」を表現していたからだ。

母親の声は自分自身の内側の投影だったのだ。

そして、交際中のおふたりの男性について。ダメンズ、情けない、そんな人ばかりに言い寄られるというのが悩みだという。

まずは父親の印象について聞いてみると、金銭にルーズで乱暴な性格、女性関係が切れ目なくあったとのこと。

そして、この女性の性格は負けず嫌いであることにも着目する。負けず嫌いの性格と、父親を悪く思っていたというこのふたつの要素から、男性に勝ちたい！　という征服欲のようなエネルギーを感じた。幼少の父親のイメージは、そのままこの女性の男性性となり、現実に反映されていく。乱暴な父親を嫌いという思いは、この女性の父親ゆずりの攻撃性という男性性を内在させ、その反転した現実として「情けない男性」を引き寄せていた。

そして、女性関係の切れ目がなかった父親を嫌いという思いは、そんな父親への嫌悪感と復讐心や征服欲が、自身も二股をかけるという事態になる。「どこか男性に対して復讐したい思いはありませんか？」そう尋ねるとハッとしたようにその事実を認めた。あんなに嫌いな父親と同じことをしていたこの女性は自分の男性性が父親そのものであり、それが反転した現実となっていたことを腑に落とすことができた。その結果、この女性は陰陽の仕組みの面白さにすっかりはまり、もはや悩めなくなり人生が大きく変わったという。

■受け取ることで起こる奇跡

男性性（陽）と女性性（陰）のバランスが崩れると、現実世界で生きづらい事象を生み出す。先生自身の体験で、男性性と女性性のバランスの偏りに気づき、現実が一変した体験を語ってもらった。

母親が腰痛、排尿障害、難聴などあらゆる体調不良を訴えるようになり、ほぼ寝たきり

包み込むようなオーラでお客様をお迎えする先生

になってしまった。最初は現実を「良くしたい」と光に偏っていたが、悪化する一方だった。知り合いの医師に母親の症状について聞いてみると「腎虚」という東洋医学でいう生命力の衰えからきている総合的な症状で、「一筋縄ではいかない」と言われていた。

当時、先生はヒーリングの活動とOLの仕事の両立で多忙を極めていたが、弱音を吐けず、自分を奮い立たせて頑張っていた。弱い自分、甘えたい女性性を許さずに、戦いを続けさせようとする男性性が勝り、自身の女性性の反映として母親が起き上がれなくなったことに気づいた。

その10日後あたりから、母親の体調がみるみる良くなり、1日中起きて家事をしたり自分の足で病院に行ったり、すっかり元通りになっていた。これは本当に奇跡だと思った。

まさに〝受け取ること〟で奇跡は起こることを理解させてもらった経験だった。

■相対の世界から相似の世界へ

目の前の影を受け容れた時、自分の中に陰陽のシンボルが出来上がる。光＋影＝「自分にとって望ましい現実」という新しい創造が生まれる。光・影、良い・悪いなどの対を絶つと書いて「絶対」という言葉になる。目の前の影を受け容れた時、相対の「対」が「絶たれ」、絶対＝ニュートラルという普遍的な領域へ意識の次元が上がる。次元が上がると反転していた現実から、自分が笑えば相手も笑うイコールの世界、相似の世界へとシフトする。相似の世界とは、反転する偏った思想のないニュートラルな意識の領域であり、大調和の世界である。

■夫婦が再生する陰陽のインナーバランス

40代の男性と50代の女性、それぞれが夫婦関係で悩んでいた。男性の方は妻から虐げられているという悩み。女性の方は旦那さんが自分に対して冷たく感じ、信じられないという悩みであった。前者は攻撃的で後者はその逆。真逆に見えるこの事象も実は「自己価値の低さ」という共通項が現実化している。自己価値を高めるために「自分は悪くない」を確認したくて悪者を無意識に引き寄せてしまうこともある。

幼い頃、両親から受けた教育や、受け取れなかった愛情が彼らの男性性と女性性を形成し、現実を創っていく。影に隠れていた思いに光が当たると癒しと解放が起こる。二人とも現実を仕組みと照らし合わせ紐解いていくことで、パートナーが自身の正義が反転した姿だったと気づき、現在、それぞれの夫婦は再生した。

■9割を超えるリピーター

シゲコ先生が活動を開始したのは2014年7月のことである。それまでは、普通のOLであった。ある日、潜在意識に出会い、実践すると面白い現実が起きる。不思議なシンクロ、予知夢、これらの謎を解き明かそうと、心理学やスピリチュアルの書籍を貪るように読み出し、読んだ本は3000冊にもおよぶ。

やがて、空理論で知られているMana（マナ）先生の「空アドバンスセミナー」を終えてから、ブログを立ち上げた。「マナ先生のセミナーに参加を決意したのはイルカ柄の洋服を着ている人を見た瞬間でした。そして、セミナーの初日、龍の形をした全長2キロもありそうな巨大な白い雲を見ました。セミナーでマナ先生が『このセミナーは龍とイルカがサポートしています』とおっしゃいました。

私のお客様の変容度がすごいのは、こうした高次元の存在たちにサポートされているからだと思います」（シゲコ先生）

ブログはたちまち常連がついた。口コミで評判となり、ブログ開設4カ月後には3000PVを突破した。

「高次元で生きる準備の出来た人が集まっているのだと思います」と先生は語る。

高次元から降りてくる言葉を告げる

対面セッションを開始するようになると、鹿児島、広島、滋賀、三重、愛知、静岡、群馬、宮城など全国から足を運ぶ人が増えた。約3年間でヒーリング・カウンセリングなど、3500名の方と関わる。

ヒーリングでは多くの人から「金粉が出た」との報告や神秘体験、覚醒体験、現実が変容したなど多数の体験談が寄せられる。高次元の波動に同期するというヒーリングは、9割がリピーターとなる。

セッションでは高次元から言葉が勝手に降りてくるのだという。30年恋人のいなかった女性に初の彼が出来たり、職場の人間関係が最良の形で改善したり、生きる目的を見つけたりと、たくさんの人がセッションにより人生のステージを上げている。

■悩みの解決がゴールではない、過程である

「楽しいことがわからない」と言っていた主婦に目覚めが起こり、2回目のセッションの際は「ライトワーカーとして活動したい」というほどまでになった。悩みは通過点で魂の目的を見つけてくれたことが、うれしかったという。

2012年12月から2000年続く本当の自分で自由に生きる水瓶座の時代が始まった。

悩みを持ち続けていると苦しくなり今後ますます生きづらくなるという。悩みを超えて、魂の目的を見つけ、魂からの自由や自立を支援したい、望む人生を描き歩んで欲しいと、シゲコ先生は活動を展開しているのである。

優れたチャネリング能力で
宇宙とつながり真我を伝える

わっぽー

踏《ふみ》江《え》みつ子《こ》先生

得意とする相談内容：チャネリング指導、全般的な悩み解決（人間関係、家庭、仕事、コミュニケーション）
施術手法：個人セッション:カウンセリング、チャネリング、誘導瞑想、リーディング（エネルギー・人生の流れ・トラウマの原因・過去世・未来など）、チャネラー育成
内観エネルギーアート『Heart Window Art』、経営コンサルティング
セミナー
施術方法：対面（出張あり）、電話、スカイプ
時　　間：10：00~21：00　（不定休）（要予約）
料　　金：個人セッション・対面12000円／60分・18000円／90分（延長90分以降10分1000円）・電話1000円／10分・スカイプ1500円／10分
：縄文式チャネラー養成講座基礎コース（全6回）80000円　：内観エネルギーアート『Heart Window Art』千葉・新潟1500円／120分
東京3500円／120分
：セミナー5000円～／180分～　：経営コンサルティング50000円～／月
住　　所：千葉県松戸市
電　　話：080 - 1301 - 4228
ホームページ：http://mitsuko-fumie.com/
メールアドレス：（セッションや講座の申し込みはホームページまたはお電話から）

チャネラーとして約20年の実績を持つ踏江みつ子先生。その柔らかな笑顔に会った瞬間から心がオープンになる。シンプルですっきりとした陽当たりの良いサロンは、居心地が良くホッとする空間だ。壁には先生自らが描いた『Heart Window Art』（詳細は後述）の絵やポスターが飾られ、そのエネルギーに惹き付けられる。

神様が降り立つといわれる奥出雲の出身。子供の頃から木とおしゃべりをするなど、高次のエネルギーソースとのつながりを感じていたという。高校卒業後は生け花作家として活躍していたが、結婚・出産を機に引退。その後移住した青森県でチャネリング絵本の出版などチャネラーとしての活動を開始する。現在は千葉県のサロン〝わっぽー〟で、カウンセリングやチャネラー養成講座を行っている。

チャネリングは一般的に敷居が高いと思われがちだが、先生は「チャネリングは特別なことではなく、皆さんすでに高次のエネルギーソースとつながっています」と穏やかな声で話す。「ただ、実感することが難しく、声を聞こうとしないので、多くの人が自分はチャネリングができないと思い込んでいるんです」

■過去回帰で悩み解決の糸口を探す

いわゆる〝高次の存在〟は、チャネラーによって呼び方が異なるが、先生は〝エネルギーソース〟、また相談者にアドバイスをするときは〝あなたの神様〟と呼んでいる。

「チャネリングは悩みの解決を手助けしてく

れます。実は悩みは自分を作り変えることができるラッキーなもの。神様の視点を通して悩みを解体・分析すると、自分を変えることができるようになりますよ」しかし、全く経験のない人にとって、そう簡単なことではない。そんなとき先生の個人セッションは、それぞれに合った方法で悩みにアプローチして解体・分析を行い、解決に導く心強い味方となる。

セッションは、相談者の名前から本人や家族の心と身体のエネルギーを透視することから始まる。その後、それまでの人生の流れ、遺伝的な質や環境的な要因、本人さえも知らない自分の奥にあるくせなどの情報を、相談者のエネルギーソースから受け取る。もし今世や過去世のトラウマがあるなら、誘導瞑想による過去回帰などを行う場合もある。こうして心を支配する悩みの原因に到達するまで深く入り込んだうえで、高次元のサポートを受けながら、〝自分を作り変える〟ためのアドバイスを行う。

これまで、仕事、人間関係、心と身体に関することなど、さまざまな相談を受けてきた先生。あるとき「電車に乗ると息苦しくなる」という女性が訪ねてきた。海外でのボランティア活動を間近に控え、かなり困っている状況だという。すぐにその症状がパニック障害によるものだと見抜いた先生は、〝死のワーク〟の一種だがアプローチ方法が少し異なる、あるパワフルなワークを行った。

彼女の直近の過去世に回帰しその死を読み取ると、悲惨な方法で殺されていたことが判明する。それが現世でのパニック障害の原因となっていたのだ。そのトラウマを消すためには、殺された瞬間の状況の再現が必要になる。先生が彼女を押し倒し軽く首に圧をかけると、案の定彼女は生きることをあきらめ身体が弛緩してしまった。「そこにある石をつかんで反撃して！」と先生が声をかけると、驚いたことにその瞬間彼女の心に強さが芽生え、生きる力が湧いてきたのだった。このようにいくつかの過去世での死の瞬間を体験し恐怖に立ち向かうことで、現在のパニック症状も改善していき、彼女は無事海外へ飛び立っていった。

実はそのセッション時、先生には彼女の未来も見えていた。先生が見たのは、少しエキゾチックな顔をした可愛い赤ちゃんを抱いている彼女の姿。その未来像通り、赴任先で外国人男性と幸せな結婚をして出産。「先生のセッションを受けなかったらこんな幸せはなかった」と感謝しているという。

また、先生は引きこもりの人のサポートなども行っている。これも高次のメッセージを伝えながら、相手の意識を変えていくセッションだ。先生が忘れられないのは、学校で無視されたことが原因で幻聴を聞くようになった男子高校生のことである。初対面のとき、彼には「盗聴されパソコンから情報を盗まれている」という妄想まで現れていた。彼に行ったのは、目をつむったまま光の中に入っていく、〝光のワーク〟。光を追う作業をし、「友達がいなくてもひとりで構わない」という意識に変えることで、彼に否定的な言葉を投げていた幻聴の声が、徐々に肯定的な言葉を発するようになっていった。これは周波数を変える作業でもあるという。また、状況や他人の気持ちを読めるようになったことで、問題があったコミュニケーション能力も改善され学校に復帰し、今では社会人生活をしっかり送っている。

■養成講座でチャネリング能力を体得！

このように先生のセッションによって、多くの人々の人生が望む方向へと変わっている。これを読んで「自分でもこの力を身に付けたい」と思う人もいるだろう。わっぽーの〝縄文式チャネラー養成講座〟では、そうした能力の開花を手助けしてくれる。「チャネリングを続けていくとだんだん感情に呑まれることがなくなり、何が起こっても不動でいられるようになります。チャネリングは生きる上でのサポーターなんです」と先生はその素晴らしさを語る。〝縄文式〟には、縄文人の生き方を見習い、神と自然と自分自身とチャネリングする方法を学ぶという意味があるという。

先生のホームページには、「思考は声や文字、何かの感覚を使い、あなたに語り掛け、その声（自分の声質と同じ）と対話しながら物事を決めていませんか？　人は、何かと対話しながら生きています。悩んだ時、特にそのような状態になります。何かと対話する。これをチャネリング（繋がる）という言葉に置き換えると、全ての人がチャネラーです」と書かれている。遠い存在のように感じたチャネリングは、しあわせの青い鳥のように最も身近にあるものなのだ。ただ、先生によると、人の念が入ったもの、邪気をもったものを受け取る場合もあるので注意が必要になるという。先生の指導の下、〝正しくつながる〟方法を学ぶことをおすすめしたい。

この養成講座でエネルギーソースとのつながりを実感すると、人生が加速していく。起こること自体を変えることはできないが、起こった現実に向き合う力がついてくる。数回の講座で感覚が変わり、経験を積めば積むほどパイプが太くなる。セッション2回目の時点で、運転中に工事や渋滞のある道を避け、最短距離で目的地まで行けるよう指示してくれる〝実際にそこにはない矢印〟が見えるようになった人もいたそうだ。

基礎コースでは自分のエネルギーソースとパイプを作り、それを太くすることが目的だが、アドバンスコースでは自分の神様だけでなく、周囲のエネルギーソース（神様のメッセージ）も読めるようになる。講座の生徒さんからは、「全く考えていなかったのに、やる気が湧き上がり起業した」など、運気の上昇を実感する人が続出している。

また先生はこんな話もしてくれた。「会社自体のエネルギーソースとつながると、仕事の効率が上がります。ビルに入るときに〝お願いします〟と頭を下げると、会社の神様がストンと頭に入るんです」（踏江先生）

チャネリングを習得した人が、あるプロジェクトチームのメンバーに指名されたが、すでに自発的に準備を始めていた内容だったので、チーム内で大きな成果を上げたという例もある。「仕事は生活の大きな部分を占めるもの。効率が上がれば毎日が楽しくなるでしょう。ただ会社を出るときはお礼を言ってつながりを切らないと、家でも仕事するはめになります」（踏江先生）

■自己と対話するパワフルなエネルギーアート

先生を紹介するうえでもうひとつ忘れてはならないのは、サロンにも飾ってある『Heart Window Art』と呼ばれる内観エネルギーアートだ。クレヨンなどを使って、単純な線と色のパターンを無心に反復して描くことで感情を開放していく。これまで4歳児からお年寄りまで幅広い年齢の人々が参加してきたことからもわかるように、だれでも自分を表現できるワークとして人気が高い。

クレヨンで心の赴くままに描く

何枚か先生や生徒さんが描いた絵を見せていただいたが、「我（が）や顕示欲が全く入っていないんですよ」という先生の言葉通り、決して頭で考えて描ける作品ではない。内奥から湧き出るエネルギーパワーに圧倒され、強く心を揺さぶられるものばかりだ。

エネルギーアートの指導を行う先生

クラスでは、まず先生の指導によって特定の形を書いていくが、不思議なことにしばらくするとその線や図形が動いて見え始め、さらにそこに立体空間が見えてくる。描いている本人が見ている世界を先生がチャネリングで読み、アドバイスをすると、だれもがワクワクした気持ちになって続きを自由に描き始める。描き進めるうちに本人がエネルギーソースとつながるようになり、自然にチャネリングをしている状態になっていく。これも自分を変えるためのワークのひとつだという。

また、病院や特別支援学級でも『Heart Window Art』の指導をしたり、新潟の県庁や公民館、東京でも画廊で展覧会を開催したりと、先生の活躍はとどまることを知らない。高い能力を生かし、絵を通じて積極的に社会貢献に携わる姿には頭が下がる。「人間に興味があるだけなんですよ」と謙遜するが、その活動には先生の温かな人柄が表れているといえるだろう。

子供たちもアーティストに変身!

多くの人が人生に行き詰まりを感じ、何かと息苦しい現代社会。先生から「エネルギーソースとつながるとどれほど人生が豊かになるか、ぶれなくなるか」を学ぶことは、人生の突破口となり、生きる力を呼び起こしてくれるはずだ。

最後に、人生の岐路に立った相談者のセッション時に、相手のエネルギーソースから受け取ったメッセージのひとつを紹介したい。

〜コンタクト〜

幾度となく人生の岐路を体験したものには、道を選ぶという感覚が身についており、その瞬間にある何かに突き動かされる感覚が人生に力を与えてくれることを知っている。さあ、揺るぎない我が道を歩めばいい。どんな道でもそれが我が道と信じることが揺るぎない我が道となる。歩みながら時には回り道をし、よそ見をすることも人生を楽しむことになるだろう。

心を緩ませ、今生きているその瞬間を楽しめばいい。

ハイセルフと連携しカルマの解放をサポートするスピリチュアルヒーラー

Seraphim（セラヒィーム）

KON《こん》 AKEMI《あけみ》先生

得意とする相談内容： 人間関係（親子、夫婦、友人、上司、故人など）問題の解消
憑依、場所、土地、動物、クリスタルなどの浄霊と残留思念の浄化
思い悩み自分で動いても根本が解決しない（アカシックリーディング）
過去のトラウマに悩む（湧き上がる恐怖に駆られる、幼少期のトラウマ）
特定の苦しみのパターンに悩む（ストーカー・隣人との対立 etc）
肉体の痛みのオーラの修復と過去世の傷の修復
押し込めた感情の解放と癒し（チャクラに残る苦しみの感情の解放）
Seraphim Star Light（エネルギーを転写したエッセンス）
エンパシー体質の才能を磨く特別講座「エンジェリックセンス」

施術手法：「ハートソウルクリアリング」「ディープソウルクリアリング（過去世退行・インナーチャイルド療法）」「浄霊、場所や物の浄化」「チャクラヒーリング」

施術方法： 対面、遠隔（ディープソウルクリアリングは手法の都合上対面のみ）

時　間： 応相談　（不定休、浄霊など緊急の場合は対応します）

料　金： ・ハートソウルクリアリング38000円／120分・ディープソウルクリアリング58000円／4時間・レメディ（クライアントの状態に合わせたオーダーレメディ10ミリ×2本）18000円／40分

住　所： 東京都墨田区
（セッションの予約が確定次第詳しい場所をお伝えいたします）

電　話： 090 - 2996 - 7845（非通知は受け付けていません）

ホームページ： http://seraphim-star-light.com

メールアドレス： seraphim.star.light88@gmail.com

先生のサロンは、東京スカイツリーに近い下町にある。緑がかった瞳と、透き通った白い肌の印象的な雰囲気に、悩みを打ち明けるのにも安心できそうな、親しみやすさが漂う先生だ。「私のところにはさまざまな方が相談にいらっしゃいます。中でも多いのは、エネルギーに敏感で日常的に困っていて、憑依する霊体や他人の感情に共感しやすい人。それらを繰り返す特定の負のパターンを持っている方ですね。また、カルマを解消し魂の向上を目指されている方も多いです。他のヒーラーからの言葉に納得できなくて来られる方もいらっしゃいます」と先生は話す。

スピリチュアルの世界に入る前には本当に様々なことがあった。自らの選択で高校を辞め、結婚、出産、離婚、実家に戻って働きながらの子育てをするも、空虚感と劣等感を抱え自分が嫌いだったと言う。肩の手術をきっかけに自分を変えたいとオーラソーマをするが「ありのままの自分を愛してください」と言われ落胆し、もう学ぶことはないだろうと実家に帰る。しかし不思議なことに「スピリチュアルなことを学びたい」という気持ちが湧いてきた。渇きを埋めるようにSRT、前世療法、クリスタルヒーリングなど様々な技法を学び、セッションを重ねるうちに、先生はあることに気づく。それはどの手法も、施術をして終わりではなく、そこで出てくる自分の内面や感情、心と向き合うことが最も重要で、それこそがカルマであり業だと。それは憑依を例にすると、憑依はただ偶然起こるのではなく、人間のネガティブな感情に共鳴して霊体がやって来る。霊体の浄化も大切だが、原因となる感情と自身が向き合い浄化していくことで根本のカルマが改善され同じことが起きにくくなる。そして、憑依した魂であっても元は人、苦しみを解放すると光に向かい、憑依された側は原因を見つけ心の感情と向き合っていくことでカルマは解放されるということだ。セッションを重ねながら自身の試練だと思っていた空虚感と劣等感に向き合い、過去からのカルマを解放してきた。試練と向き合い苦しみを許し理解することで、心と魂を成長させることが出来る。「歩んできた人生すべてに意味があり神の計らいと深い愛を感じます。これからもカルマを解消し、魂を輝かせ、人生の最後まで成長していけますね」と笑う。

■魂のエネルギーを調整、調律して過去を浄化する

先生は、来てくださる方々に「セッションを通じて相談者自身が、今起こっている経験の意味を理解して、人生をより良くするお手伝いになれば」と願っている。そのセッションとは実際にどのようなものなのか、内容を伺ってみた。ハートソウルクリアリングでは、過去世の苦しみを解放するために、心と魂の調律を行う。「人生に起こる課題や悩みの98パーセントは、過去世に原因があって、その影響が今世に出てきているのです」と先生は言う。セッションでは、まず相談者の生年月日を尋ね、アカシックレコードにアクセスして、解放したい内容の手助けとなる情報

を探していく。苦しみの原因はどこからきているのか、今世か過去世か、過去世の場合、どの過去世の影響なのか。悩みのカルマについて、過去世で起きたこと、そこで思い込んでしまったものや、現世に影響している要因を読みとっていく。

ストーカーに悩む場合も過去世の原因がほとんどだ。ある女性は元上司につきまとわれていた。セッションを受ける場合、ストーカーに限らず、問題に悩んでいる本人が来るだけで、関係性のクリアリングは行える。元上司（ストーカー）には知らせる必要はなく、参加させる必要もまったくない。先生はまず女性の〝魂〟と、元上司の〝魂〟から許可を受け、ハートソウルクリアリングを行った。実はこの2人、ある過去世では全く心の通わない夫婦だった。さらに、別の過去世では2人とも男性で、ライバル同士だった。「許せない」「負けたくない」という恨みの記憶のカルマが相手に強く残り、現世で相談者のストーカーになってしまったのである。魂に残る恨みのエネルギーを解消した後は、ストーカー行為は徐々に減り、結果的には全くなくなったという。これは、先生によって元上司の魂にもエネルギーの修復が行われたからだ。クリアリングは一方的に行っているわけではなく、相手には全て魂から許可を得てから行う。意識では変化がわからなくても深いところで癒しが起き、結果、現実の行動も変わってくるのだ。

この方の場合、解消する内容が他にもあったため数回のセッションが必要だったが、1

回で済む場合もあり、ケースごとに状況が異なるため、必要な時間は様々だそうだ。

アカシックレコードを調整するとエネルギーがとても活発に動くので、魂の浄化が起き、人によりお腹が緩くなるなど、肉体的にも浄化が起こることもある。セッションのもうひとつの特徴は、クリアリングしていくうちに、相談者が自分の内側に気づきやすくなることだ。過去世の傷やカルマは先生がエネルギーで解放するが、そこにある自身のネガティブな感情や葛藤は、今世のテーマであるため、相談者本人が向き合っていく内容になる。そのため、人によっては〝ひとつのテーマが解決したら終わり〟ではなく、長い時間かけて経験するはずだったものが加速してやって来る場合もある。先生はクリアリングだけでなく、それらの感情と向き合うことにも、徹底的にサポートしてくださる。なぜなら、人生をより良く変化させるには、この「向き合い」こそが、一番重要だからだ。

このハートソウルクリアリングには、オプションとしてレメディセッションも追加することが可能。レメディとは、先生が天から降ろしたエネルギーを転写したエッセンス。これから取り組むことに対して勇気を持って行動し、スムーズに前に進むことをサポートしてくれる。なお、レメディセッションは独立したメニューとしても受けられる。

■テーマを理解しその事実と和解するディープソウルクリアリング

ディープソウルクリアリングは、自分の現

世でのテーマ（課題や悩み）について、ハートソウルクリアリングよりもさらに深く理解するための施術だ。先生が受け取った内容を聞くハートソウルとは違い、相談者自身が退行して幼少期や過去世を追体験するため、「何故そのテーマを持ったのか、何を学びたかったのか」を感覚でリアルに受け取ることができ、より深い気づきにつながっていく。

この施術は催眠状態ではなく相談者の意識がある状態で実施。ハートソウルでも説明があるように、ブロックの原因となる体験のあった時代や内容は様々だが、見つかったトラウマは、除去や上書きはしない。どんな過去世でも必要な人生を体験している。それを深く知ると、そこから気づきを得ることができるからだ。

一般的な退行では、途中で寝てしまう相談者もいるが、先生の施術では事前にハートソウルクリアリングなどでブロックを外し、魂の調律をするので、無理なく退行をすることができ眠ってしまうことはない。その方の状態に合わせて、取り組みやすい過去世から退行し原因を見つけ解放していく。

ある30代の女性が過去世退行をしたときのことを例に教えてくれた。「その女性は長いこと年下の男性が苦手だったのですが、現世である男性と出会い、その人との過去世を調べたところ、年下の男性が苦手な理由がわかりました。その男性とは複数の過去世で出会っていて、ある過去世では、その女性の年下の恋人だったんです」2人は仲睦まじく暮らしていたが、あるときその女性はひとりで別の土地へ行くことになり離れ離れに。残された男性は悲しみのあまり自ら命を絶ってしまい、そのことに罪の意識を感じ、それをずっと引きずっていたのだ。だが、過去世退行で何があったかを理解してその男性の魂と和解したことで思いはクリアされ、年下の男性への苦手意識はなくなったという。

過去世の体験について、先生はこう語る。「大切なのは、なぜその生涯を選びそこでなぜ体験したのか理解することです」全てその体験をする意味があって選択しているからだという。悲しい出来事があって、反省や謝罪が必要なときもある。

しかし、その後は自分や相手を責めるのではなく、そこで何を学びたかったのかを知ること。人生の苦しみとは、ただ、苦しむものではなく、そこからより深い洞察を得るためのものなのだ。

■自分に正直になり感情と向き合えば魂は癒される

カルマを解放することは、魂の波動を高め成長を促すことにつながる。「悩みについて考えるときは、自分に正直になることです。人に関して良くない感情を持ったとしても、その気持ちに嘘をついたり、自分を責めたりせず、そのままの自分を受け入れてください。悪く思ってしまうことを許し、心の中で相手に〝ごめんね〟と謝り、その気持ちを認めると楽になります」

さらに先生は続ける。「他人の嫌な部分

というのは実は自分の奥にもある解決しなければいけないカルマやテーマでもあるのです。その自分を許し認め癒すことで魂は癒されていきます」このことがセッションで取り扱う肝だと先生は言う。

他者のある点が気になるという現象は、自分の内側にあるものを解放したいと無意識に気づくから起こることだそうだ。しかし、他人の嫌な面＝自分にもある、という事は受け入れづらい。そこで、セッションでそのカルマやテーマを調査し、解放のお手伝いをしている。セッションを受けることで、人生で学ぶ「気づき」にかかる時間が短縮される。自分だけでは長い年月をかけて徐々に気づいていくものが、セッションでは大幅に進むのだ。そのため、前述のように学びの速度が加速し、次の学びが早くやってくることがある。しかし、学びの速度は自由意志で選択することができる。早く進む人や、年月をかけてゆっくりやっていく人もいる。

セッションを「カルマを解消し今の人生を生きやすくするためのツール」と位置づける先生。何かを選択する時には、例えばセッションでも、金額ではなく、「この人にお願いしたい、ここに行った方が良い気がする」という「直観、感覚」を大切にしてほしいと言う。

損得ではなく自分の感覚を大切にすることが、人生をベストな方向に向ける最短ルートになるようだ。

あなたは決して一人ではありません!
エンジェルがあなたのそばにいて、必ず助けてくれます!

ルナ・ブライト

イクシェル佳代子《かよこ》先生

得意とする相談内容：家庭問題、恋愛、結婚、不倫問題、人間関係全般、能力開花、天職転職、仕事関係全般、浄化、除霊、ペット、鉱物など

施術手法：チャネリング、エンジェルカードリーディング、エンジェルヒーリング
各講座、リコネクション、リコネクティブヒーリングなど

施術方法：対面、遠隔、スカイプ、電話、出張

時　　間：10：00～21：00 ※不定休（日にち・時間共に応相談）

料　　金：チャネリングセッション／15000円
エンジェルカードリーディング／12000円
チャネリング講座 レベル①　48000円／6時間
レベル②　55000円／6時間
エンジェルリーディング講座 レベル①　44000／6時間
レベル②　44000／6時間
エンジェルヒーリング　33000／4時間
※講座は分割可能

住　　所：東京都内、神奈川県内など数箇所

電　　話：090 - 8461 - 4442

ホームページ：http://luna-bright-angel.com　メインサイト
http://luna-bright.com　リコネクション、リコネクティブヒーリングサイト

メールアドレス：mail@luna-bright.com

チャネラーに降りてきたメッセージが、お客様の望んでいるものとは異なる場合がある。それを脚色せずにそのまま「正直」に伝えることはなかなか難しい。勇気もいるし覚悟もいる。

チャネリングを仕事としているだけあって、お客様の喜びそうなメッセージは、手にとるようにわかる。その期待に応えられたら良いが、それがお客様の人生にとって必ずしも良いメッセージとは限らない。

時には、ご本人にとって耳の痛いメッセージや思ってもみなかったメッセージが降りてくることもある。

就職希望の学生に「もっと勉強を続けた方が良い」とは言いづらい。結婚願望の女性に「今は仕事でキャリアアップを目指して行く時期」ではいやな顔をされる。略奪愛を願っている女性に「別れなさい」といってはお客様を失いかねない。

こんなときイクシェル先生はエンジェルなど高次の存在たちから聞こえてきた声、見えてきた映像などをそのまま伝える。

「なぜなら、高次の存在からのメッセージは、愛と光にあふれた、今その方の人生にとって必要である大切なメッセージだからです」とイクシェル先生は断言する。

■エンジェルカードとの出会い

「昔から人に相談されやすいタイプでした」とイクシェル先生は微笑みながら答える。普通に主婦をしていたのだが、ママ友や親族からしばしば相談を持ちかけられる。そのアドバイスが適切で、皆に感謝された。

振り返ると、人の心の読める妙な子どもであった。感性が異様に敏感で、人の表情や言葉の裏が見えてしまう。スピリチュアルの世界ではこのような幼少体験を持つ人は多い。そして、たいていは周囲の大人から不審に思われ、その能力を閉ざしてしまう。鋭すぎる感性は、普通に生きていくためには邪魔になるからである。

イクシェル先生も心の目も耳も閉ざして、普通の大人へと成長した。しかし、他者から相談されることでこれら能力が蘇ったようだ。

同じころのことだ。行きつけのネイルサロンでエンジェルカードの存在を知った。

いまでは実に多種多彩なカードが提供されているが、エンジェルカードはその祖となるカードの一つである。祖といってもさほど古くはない。開発されたのは1999年のことで、その後翻訳され日本に入っている。イクシェル先生は最も早い時期にエンジェルカードを知った一人であった。

■ヒーラーに目覚める

先生の能力も相まって、これが驚くほどよく当たる。さっそく自分でも購入して独学で勉強を開始した。友人にもエンジェルカードを使って相談に対応すると、やはりよく当たる。友人たちは口々に言った。「あなた、これ仕事にした方がいいわよ」

実際セルフリーディングをするたびに、不思議と同じカードが出る。そこには「あなたはヒーラーです」というメッセージがあった。

そうなのかもしれないと先生も感じた。人の助けになりたいと考えていたし、なんらかのビジネスをしたいと考えていた。心の苦しみや体調不良を訴えている方の悩みを解消し、天からのメッセージを届けるのは素晴らしい仕事かもしれない。

加えて、家族の役にも立つ。家族の悩みの相談に乗ってあげたり、心や体を癒してあげることもできる。「今さら看護師、ましてや医者になるのは不可能です。でも、ヒーラーならばなれるのではと思いました」と、イクシェル先生は説明する。

■愛と光に満ちたエンジェルのメッセージ

エンジェルカードは44枚で構成されており、それぞれにエンジェルからのメッセージが記されている。先生はエンジェルと繋がり、相談者に必要なメッセージを伝える。「私は単なるパイプ役です。エンジェルのメッセージをそのまま伝えるだけです」

ガイドブックに書かれているメッセージは抽象的であり、意図することとかけ離れていることもある。そこで、必要になるのが先生のようなリーディングの技術である。

「リーディングやチャネラーは、チャネラーが頭で考えたことを伝えるものではありません。目に見えない世界のこと。意図的に変更するのは簡単です。しかし、私は決してこれをやりません」と強調する。

これが冒頭でも示したようにイクシェル先生のポリシーである。中には耳の痛いこともある、納得できないメッセージもある。「しかし、1週間

真剣なまなざしで受けとめる先生

たって、あるいは1カ月たって、あのメッセージのとおりでした。大変助かりましたと、多くの方に喜ばれています」（イクシェル先生）

「嫌われませんか?」と尋ねると

「そんなことはありません。エンジェルのメッセージは愛と光に満ちています。相談者の方がどんな状況であれ前向きになれるようなメッセージだけが降りてきます」

エンジェルと確実に繋がり、エンジェルからのメッセージを正確に伝えることができるイクシェル先生だからこその言葉である。

■エンジェルカードの使い方講座

エンジェルカード使い手のトップリーダーの一人として、イクシェル先生はエンジェルカードの使い方講座を積極的に展開している。とはいえ、エンジェルカードの使い方は極めてシンプルである。エンジェルへの質問を思い浮かべてカードを引くだけである。翻訳されたガイドブックもついており、カードの意味もわかる。タロットカードと比べれば、簡単すぎて、講座の必要性があるのだろうか。

「エンジェルカードのメッセージは一様ではありません。1枚に1メッセージであるなら、44通りのメッセージしか得ることができません。エンジェルカードは、スピリチュアルな能力を使うことで、よりその方に必要な奥の深いメッセージを受け取ることができるツールなのです」とイクシェル先生は訴える。

使い方はシンプルであるが、その奥は極めて深い。付属のガイドブックを覚えるのではなく、誰もが持っているスピリチュアルな能力を使うことで、ガイドブックには書かれていない奥の広いメッセージを受け取る技術を先生は教える。

スピリチュアルな能力は、本来誰もが生まれた時から持っているものだが、その人によって得意な分野が違う。

「視える能力に優れた方、聴こえる能力に優れた方、感じる能力に優れた方、なぜかスッとわかる能力に優れた方など、それぞれですが、その方が得意な能力を使うことで、エンジェルからのメッセージが入って来やすくなります」（イクシェル先生）

また、イクシェル先生は、エンジェルなど見えない存在（高次元の存在）と繋がるためには、自分自身のグラウンディングやクリアリング、そしてリーディングするために安全な場所を設定する事が大切だと力説する。

イクシェル先生の講座では、このような安全に高次元からのメッセージを受け取るための知識や技術も教えている。

■エンジェルヒーリング

イクシェル先生はエンジェルヒーリングも提供しており、講座にも取り入れている。エンジェルヒーリングには「浄化」「コードカッティング」「サイキックアタック」の3種類がある。

「浄化」は大天使ミカエルによるバキューミング。掃除機のような光のホースで体の中に入り込んでしまっているネガティブな感情や低次元なエネルギーを吸い取り浄化する。そして、本来の光輝く状態に戻す。

「コードカッティング」は愛情のコードだけ

を残し、他の不要なコードを切り離す。人は不必要なコードを抱え、苦しんでいる場合がある。例えば子離れできない強すぎる親の愛情、パートナーからの過剰な愛情による拘束やコントロール、ストーカー……。このようなコードをカットし、身も心も解放する。

「サイキックアタック」は、他人からの嫉妬、恨み、妬み、怒りなどを知らないうちに受けていることがあり、また自分自身が他人に送ってしまうこともある。そのようなネガティブなエネルギーをエンジェルに取り去ってもらうヒーリングである。理由もなく首や背中、腰などが痛いと感じるのはサイキックアタックを受けている可能性もあるという。

エンジェルヒーリングは自分自身で行うこともできれば、家族や友人に提供することもできる。

「エンジェルヒーリングの技術を身につけることで、心身ともにクリアな状態で気持ち良い日々を過ごすことができます。誰でも習得できるテクニックなので、ぜひ講座で習得してください」とイクシェル先生は勧める。

■体験談
●40代　女性　夫の浮気

「夫の女癖の悪さに、もう耐えることができない」という女性が訴えてきた。結婚した当初から女の影が見え隠れし、それは一人や二人ではなかった。見ない振りして我慢を重ねていたものの、今回はひどい。もう疲れ果てた、限界だというのである。

さっそくイクシェル先生はエンジェルにつながり、天からのメッセージを伝えた。

「自分を責めてはいけません」

「責める？」

「自分に魅力がないから夫は他の女に惹かれてしまうと考えているでしょう」

「違うのですか？」

「違います。あなたは自分でこの問題を大きくしてしまっています。この問題から少し離れましょう」

「離れる……」

「夫への愛情に縛られすぎていませんか？　自分の人生を大切にしてください。

あなたがしたいこと、ワクワクすることに意識をむけましょう。おしゃれでも、読書でも、絵を書くこと、ピアノを弾くことでも、あなたが楽しいと思えることを始めてください」

ここまでいうと女性は号泣し始めた。思い当たることがあるようだ。

話しかけているのは先生ではなく相談者を助けようとしているエンジェルなのである。

女性はエンジェルのメッセージ通り、自分のことに意識を向けはじめて、おしゃれをしたり、かねてからやりたかったことや、趣味の絵を書くことなどを楽しむようになった。

自分自身が人生を楽しんでいるうちに夫の浮気が気にならなくなったという。そうなると不思議と夫は、相談者に振り向くようになり、今では二人で仲良く散歩をするのが日課になっているという。

●40代　男性　職場の人間関係

営業職の男性からの相談である。知人からの紹介でイクシェル先生に相談に来るようになった。

職場での足の引っ張り合いがひどい。そんなことをするより1件でも多く契約を取るためにエネルギーを使った方が良さそうだが、その会社では水面下で同僚の足を引っ張ることで、自分の成績をあげようとする人がいて心底困っているという。

男性は自分を守るために気を使い、それにもいい加減疲れ果ててしまった。とはいえ、年齢もあり、簡単に転職もできない。途方に暮れてイクシェル先生に相談に来たのである。

エンジェルからのメッセージは「空を見なさい」ということであった。昼であれば青い空、流れる雲を見なさい。夜であれば星空を眺めなさいという。

「思い出しました」と男性は語る。

「私は天文学が趣味でした。久しく空を見るのを忘れていました」としみじみ語る。

しばらくして男性から報告があった。

「しばしば空を見るようになりました。そうしたら、人間関係の小ささがわかりました。もしかしたら、すべては私の空回りだったのかもしれません」という。

深い気づきが起き、心が変わったのである。

魂・先祖・自分のストレスをなくし
「気」の自然治癒力を最大限に引き出す

自然気力治療所

坂本良行《さかもとよしゆき》先生

得意とする相談内容： 難病・持病、ストレス解消、健康維持、願望実現、運気向上
喘息、アトピー、鼻炎、花粉症、腰痛、各種悩みの解決
その他慢性病から急性病まで

施術手法： 気力治療（気功）、ストレス解除治療

施術方法： 遠隔、対面、出張

時　　間： 9：00～12：00　14：00～18：00（午後は予約制）　木曜定休

料　　金： 初見料　2000円　施術料　3000円　出張料　別途

住　　所： 〒370 - 3522　群馬県高崎市菅谷町77 - 338

電　　話： 027 - 372 - 3400
090 - 3088 - 8986

ホームページ： http://www.shizenkiryoku.com/

メールアドレス： shizenkiryoku@khh.biglobe.ne.jp

現代人は「ストレス」を軽視していないだろうか。ほとんどの病気はストレスに起因している。そう警鐘を鳴らすのが坂本先生である。

「『気』はエネルギーそのもの。宇宙から降り注ぐ気によって人は生かされています。この気の働きを阻害するのが『ストレス』なのです」と坂本先生は訴える。

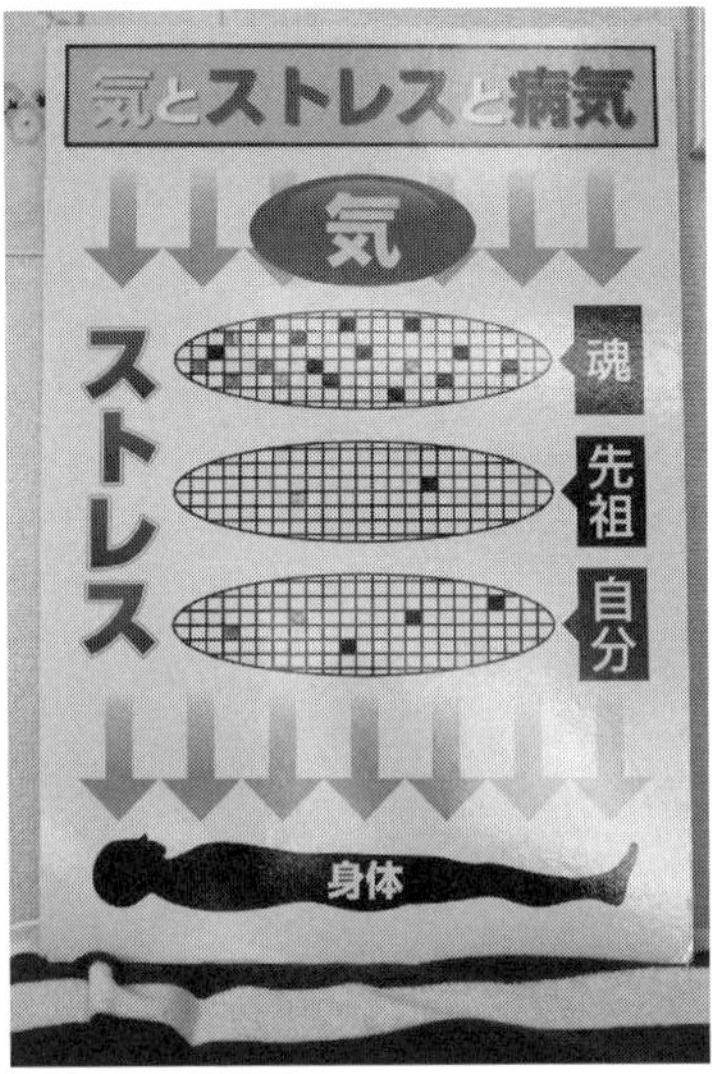

気とストレスと病気の関係

「気」には強力な自然治癒力があるものの、ストレスによって自然治癒力が機能しなくなる。現代社会では　ストレスがあることが当たり前のようになっていて、多くの人がストレスを抱えても、アルコールやカラオケなどで解消し済ましてしまう傾向にある。しかし、これは紛らわしているだけであり、一過性のごまかしに過ぎない。本質的な解決にならないのである。「私の役割は、ストレスの真の解消にあります」と、坂本先生は強調する。

　記者が自然気力治療所を訪れるのはすでに5回目のこと、電話はそれ以上の回数になる。回を重ねる度に坂本先生はパワーアップし、施術には磨きがかかっている。独自の理論と施術方法を持ち、このような人を他には知らない。

■病気の原因を特定する

記者が自然気力治療所を訪れると、いきなり「では施術を始めましょう」と言われ、椅子に座らされた。今回、記者は取材に来たのであって、治癒をお願いしてはいない。

かまわず先生は両方の肩に軽く手を当て、「右側にストレスがあります。それでは開始しましょう。はい、治療を開始しました」と言うなり、正面に戻った。

すでに治療が始まっているのであるが、まったくそんな風には見えない。

「治療が始まっているのですか?」

「そうです。神様がしています」

ニコニコと頷く。

この取材中も度々患者さんから電話が鳴る。気軽に電話を取って、二言三言交わすと先生は「それでは治療を開始します」と言って、電話を切ってしまう。別に先生は何をするわけではない。

先生の治療は人間のやるものではないという。坂本先生についている神様が行うのである。坂本先生は病気の原因を見付けて、ストレスの解消を神様に依頼するのである。神様は相当数おり、先生は20人から30人の患者さんを同時に対応できる。

■気を阻害する原因は魂・先祖・自分の三層

「右側は女性に関するストレスです」と、先生は記者の体調の解説を始める。

「女性と言うと女房とか娘とかでしょうか」

「あなたの場合は魂に起因しています。前世で女難にあったのでしょう。それが右側に現れています」と言う。

ちなみに左側は男性だそうで、男性が絡んでいる仕事上のトラブルなどは左側のストレスとなって現れる。

人間には本来、自然治癒力がある。

病気とは、病んでいる箇所の気が異常を来していることが原因で起こるのである。

病んでいる箇所の気が正常になれば、本来備わっている治す力が蘇り、身体は治っていく。これが人間(動物)の持っている「自然治癒力」なのである。

気は宇宙から降り注ぎ、絶えることがない。ところが、人間が抱え込んでいるストレスが気の流れを阻害して人間に病を与える。

植物に囲まれた清々しい施術ルーム

これが「病気」だ。

病気は気の流れを正常にすること、すなわちストレスを解消することで癒すことができる。癒されて元に戻った状態が「元気」だ。

ストレスは三層に重なって気を阻害する。そのひとつが紹介した「魂」。そして、「先祖」と「自分」である。

先祖と魂を一般人は自覚することができない。そこで先生が見つけだし、神様にストレス解除をお願いする。

「自分」のストレスには、自我があるだけに難しい。「あの人が嫌いだ」「この仕事がいやだ」「この家になじめない」などは、自分の心を変えていかなければならない。かなりハードルが高い。しかし先生は「素直になればいいのです。自分の身体のためと思えば、誰でも

遠隔治療希望者でひっきりなしに電話が鳴る

ストレスを解消できますよ」と説明する。

■心で復唱することで癒える

そうこうするうちに、右肩がとても軽くなった。これは驚くほどである。神様の治療が効いてきた証拠だ。

ところが、その右肩と比べて左肩に違和感を覚え出す。軽い痛みを感じるようになった。「それでは」と先生が背後に回る。

「ああ、なるほど。取り越し苦労ですね。私が言うことを声に出さないで、頭の中で復唱してください。『○○○○のことで気を使うのをやめよう。心配するのはやめよう』」と、2度くり返して施術が終わった。後は神様の番らしい。

素直になって自分を変えるとはこの程度のことらしい。これならハードルが高いとは言ない。

■施術事例

●喘息の治癒

75歳、男性の事例。重い喘息に悩まされるようになって、数年が経っている。自分でも原因がわからず、耳鼻咽喉科に通って薬も飲んでいるが、いっこうに改善されない。改善されないばかりか、年々ひどくなっていく。

年齢が年齢だからしょうがないとあきらめかけたころ、紹介する人がいて自然気力治療所を訪れた。

「これは先祖のストレスです。年齢には関係ありません」と、先生は即座に原因を特定。神様に治療をお願いした。

「5～6回で治癒しました」（坂本先生）

嘘のように喘息はなくなり、患者さんは楽になったと感激している。

●腰痛の改善

56歳の男性。体を使う仕事で、それがきっかけになって、重症の腰痛になった。自然気力治療所に担ぎ込まれ、これではまるで救急病棟のようである。

「腰痛や肩こりは、比較的簡単です」（坂本先生）

きっかけは仕事であったが、原因は魂にあった。これでは通常の施薬やリハビリで改善は困難である。坂本先生の施術が必要となる。

簡単と言うだけあって、4回で元に戻った。

●姑との諍い

これは心の病。60歳の女性が「姑との諍いに絶えられなくなった」と相談に来た。自然気力治療所は、体の「痛い」や「不調」を癒すだけはない。心の悩みも癒し、解放してくれる。

心の病だからと言って、カウンセリングするわけではない。まず、ストレスの原因を探る。この女性の悩み、原因は、前世に起因していた。自分の心や先祖が悪いのではない、避けることのできない前世のトラウマだったのである。

原因がわかれば話しは早い。後は神様に治療を依頼する。

「この患者さんは9回で治癒しました。今では、姑さんと完全に和解しています」（坂本先生）

●肥満修正化

ストレスが原因となる体調不良は多い。肥満はその象徴的な症例だ。ストレスをごまかすために食べることに走るのである。

38歳の女性は、肥満を訴えて自然気力治療所を訪れたわけではない。目的は、狭所恐怖《きょうしょきょうふ》症《しょう》の改善であった。これは先祖に起因していた。

坂本先生が気になったのは、女性の肥満であった。これも原因はすぐにわかった。前世である。飢餓の記憶が彼女の食べ過ぎに表れていたのである。

9回の治療で彼女の食欲は健全なレベルに戻った。これは1回目は来院、2回目以降は電話による遠隔療法で対処した。

劇的な改善を実現している坂本先生であるが「理想的なのは、具体的な症状に陥る前にストレスを解消すること」と言う。

このために、毎月定期的に来院したり電話したりする患者さんも多い。

素晴らしいお力を持ちながらも、かかりやすい金額で対応してくれる先生。試してみる価値は十分にある。

「激変」を巻き起こす現代の巫女
波動を上げることで人生も現実も変わる!

スプリングハート 代表

松岡咲樹《まつおかさき》先生

得意とする相談内容： 波動向上・生き方改善、恋愛・結婚、就職・転職、ビジネス経営、人間関係、子育て、家庭・夫婦関係、他 人生全般

施術手法： アカシックレコードリーディング（チャネリング含む）、ミラクルクリエーション、DNA クリアリング、シータヒーリング、他

施術方法： 対面（出張可）、遠隔、電話、スカイプ

時　　間： 10：00 ～ 18：00（不定休）

料　　金： アカシックレコードリーディング（予約制）　25000 円 /75 分
2 回目以降 20000 円 /60 分、神域ミラクルクリエーション
45000 円～ /30 分 × 9 回、DNA クリアリング、88000 円
/120 分～、シータヒーリング（予約制）　25000 円 /75 分
2 回目以降　20000 円 /60 分、
産土神社（うぶすな）リサーチ　15000 円 /1 シート
※詳細はホームページで。
※すべての対面セッションは料金に 2000 円プラス。

住　　所： 〒950 - 0911　新潟市中央区笹口 1 - 18 - 8　リリビフィオレ 303

電　　話： 025 - 245 - 3100 / 080 - 3145 - 2623

ホームページ： http://spring-heart.net/

メールアドレス： info@spring-heart.net

「自分の波動を上げるのは祈りであり、感謝の心です。周囲は自分の鏡。自分が変われば周囲も変わります」と、松岡先生は訴える。

現実をつくっているのは自分であり、良い現実も悪い現実も、自分が引き寄せている。主導権はすべて自分にある。「これは宇宙の法則です」と先生は断言する。この法則に従って、先生は個別のセッションにより、適切なアドバイスを与え、相談者にそれぞれの気づきを促す。

新潟という地方にありながら、スピリチュアルな能力には定評がある先生だ。

占い師に将来を相談に行き、そこで類い希な能力を見いだされ、逆にスカウトされこの世界に入った。とりわけチャネリングの能力に優れ「現代の巫女」とさえ称されている。

モデルをしていたというだけあって、驚くほどの美人である。それでいて、物言いは、清々しいほどストレートだ。迷うことなく指摘する。だがそこには、お客様を気づかう「愛」にあふれているのである。

■理不尽な現実はなぜ起きるのか

人間関係に悩んでいる人が多い。納得のできないいじめに悩まされている人もいる。仕事で不遇な人もいれば、金銭的に恵まれない人もいる。

これら理不尽な不幸の原因はネガティブなカルマ（業）にあると松岡先生は指摘する。過去世で受けた傷が現世のカルマとなって現れているので

神聖なセッションルーム

ある。何代も前のことであるから本人は覚えていない。もちろん、悪くもない。だから理不尽としか思えない。

人はすべて高次の存在とつながっている。それを神と呼んでもいいし、創造主と呼んでもいい。「その自分の中の存在がネガティブカルマを解消せよと教えていますそれが理不尽な現実となって現れているのです」と、理不尽なあり方を松岡先生は説明する。

高次な存在は、常に人を幸せにしようとしている。幸せになるために、ネガティブカルマを解消させるきっかけを与えているのである。

■アカシックレコードリーディング

では、どのようにすればネガティブカルマを解消できるのか。松岡先生が過去世の傷を確認するために、リーディングするのが「アカシックレコード」だ。この宇宙の図書館には、膨大な量の資料が蓄積されており、すべての人の過去世を閲覧できる。

アカシックレコードで傷を確かめると、先生は相談者の中にある神＝ハイヤーセルフと結び付く（チャネリング）。ハイヤーセルフは相談者がどうすればいいかのメッセージを持っている。ハイヤーセルフは、真にその人の幸せを実現しようとしているのである。

このリーディングとチャネリングが先生の行う最初のセッションとなる。

もっとも、受け入れがたいことを言われることもある。例えば、「意地悪している隣人に感謝し、幸せを祈ること」など。なぜならば、理不尽な現実は、ネガティブカルマを解消する大切なきっかけとなるのである。そのきっかけを創造しているのが意地悪な隣人である。隣人は自ら悪役となり、嫌われているのを買って出ているのである。こんなありがたい人はいない。

「最低でも2週間、できれば1カ月間、その人の幸せを心から祈ります。すると突然、その人の存在が気にならなくなったり、引っ越したり、異動したりします。その人の役割が終わったからです」と、先生は説明する。

「仕事に対する考え方を変えましょう」と提案することもある。いやいやながら仕事をするのではなく、お客様に感謝し、労働に喜びを見い出し、会社の成長に貢献しようとする。そして祈る。このようにして、大抜擢されるなど劇的な人生を歩み出した例も多い。

■DNAクリアリング

ただ、人によっては家系的に影響を受けている場合もある。祖先をたどると膨大な数の人間になる。中には悪業を繰り返し、その悪い感情が細胞に入って、思うように動けなくなっている人もいる。生き霊が悪影響を与えていることもある。ネガティブな感情を受け、自分の思うように身動きできないのである。

ここで必要になるのがDNAクリアリングだ。傷ついてしまった気質や意識のパターンを、ヒーリングによって救済する。

DNAレベルのクリアリングによって大きな開運効果も期待できる。

■運の貯金「徳分」

松岡先生は「徳分」の重要性も訴える。徳の有無が、お金の有無に比例することが多い。徳の高いお金持ちが慈善事業をすることで、ますます富み栄えることができる。逆にお金持ちに生まれても、エゴな使い方に走ると、たちまち財産を失う。

「徳分を増やすには周囲への感謝と幸せへの祈りが必要です」と松岡先生は語る。無私の心で周囲の幸せを祈ることで、波動が高まり、徳分が貯蓄されていく。

徳分が満杯になると神が動き、現実が激変する。

ある派遣社員の例だ。松岡先生にいわれて、単純な軽作業にも感謝し、会社の成長を祈ってきた。それでも、しょせん派遣社員である。契約を更新できず、仕事を失いかけたとき、職場の上司から就職先を紹介された。気が乗らなかったが、面接だけは受けた。すでに30代半ばを過ぎている女性である。学歴もなければ職歴も資格もない。

だが、面接に合格し地場としては異例の高収入を得ることに成功した。本人は信じられなかったが、松岡先生は確信していた。この女性は十分に徳分を積み、神が動いたのである。

「他力ではなく自力で気づくこと。自分で得た気づきは決して落ちることはありません。心の響を上げること、周波数を上げることです。神と結び付いて現実が激変します」と、先生は推奨する。

●ミラクルが止まらない

毎年12月になると、四国の金刀比羅神域に連れて行っていただいていますが、今年は資金が不足していて、行けそうにありませんでした。しかし、私は絶対に！　絶対に！　行きたくて、心の中で天に向かって祈りました。「絶対、絶対に行きたいので、ご援助お願いします」と…。

そうしたら、幾日もしないうちに、仕事が、いつもにも増して忙しくなり、無事に行かれる程になりました。

会社の契約更新の面談があり、パートの中のリーダーをやって欲しいと話をいただき、時給も1時間100円アップ＋リーダー手当も一万円付けていただけることになりました。

ミラクルは、それに留まらず今度は「いつもとても元気な上に、年々元気が増しているように見えますが何かやっておられますか」と聞かれたので、自分の健康の元である、ガイアの水とイオンゲルを紹介したら、紹介して欲しいと言われました。

こんなにもミラクルが続くなんて『神様の粋なはからい』以外の何者でもないと思いました。

先生の元で「霊格を上げ、徳分を積み、人生を激変させる方法」を何年も学ばせていただいておりますが、気がついたら、ミラクルが止まらなく私の所にやってきました。神様、先生本当にありがとうございました。感謝の気持ちでいっぱいです

●確実に変わっていく自分に自信がついた

先生に会う前は、自分をダメな人間と思い、何をやっても決して成功できない人間でした。

そんな自分に嫌気がさしていた頃、先生のホームページを見つけ、この人なら、自分を変えてくれるかもしれないと思い、連絡を取りましたが、新幹線に乗ると急に体調に異変が起き、本当に引き返えそうかどうしようか考えてしまいました。

そのことをお話しすると、先生に「それは自分自身の中の変わりたくない自分が抵抗している」と言われ、そんなことがあるのかとびっくりしました。

セッションを受けるうちに今までの自分では考えられないような成果を出して、きわめて異例とも言える昇進をし、部下を10人以上も抱える管理職になってしまいました。

それを先生に報告しましたが、先生はそれを予期しているようでした。

先生の言われたことを努力していけば、最後に花は咲きます。自分はそれをはっきり体験したので断言できます。今考えれば、すべては必然だったのだと思います。

原因不明の痛みを軽減
無料で全国からの電話相談に対応

森安政仁《もりやすまさひと》先生

（日本サイ（魂）科学会　九州支部会長）

得意とする相談内容：痛みの軽減、邪念を取り除き心を浄化
鑑定手法：心霊療法、電話による遠隔療法
鑑定方法：対面、遠隔
時　　間：平日 18：00 ～ 20：00 不定休
（他用にてお受けできないこともございます）
料　　金：無料
住　　所：〒851 - 2122　長崎県西彼杵郡長与町本川内 16 - 6
電　　話：095 - 883 - 6048

称号もない、サロンもない、求められるまま電話で相談を受けてきた。口コミでその噂は広がり、全国から相談が寄せられるまでになったパワーと実績のある先生だ。

記者は、これほど無欲な方を他に知らない。まったく善意で相談者からの電話に対応し「痛み」を取り除いている。それでいて説教臭くない。聖人というのはこのような人に違いない。

■本業は鶏卵卸業

スピリチュアルを本職としてはいない。長崎県の鶏卵問屋である。その合間に霊能力者として痛みを取ったり、人生のアドバイスなどをしている。

会社の名前が森安商店。長崎県はもちろん、九州でもトップクラスの規模を誇る鶏卵問屋だ。地場のスーパーから九州のデパートやカステラメーカーなどに鶏卵を納めている。

全国から相談の電話が絶えない霊能力者であるが、会っても威圧感はない。地方企業の物腰の柔らかい社長さんそのものだ。常ににこにこしており、人の良さが体中から感じられる。

幼少のころから鶏好きな少年であった。「鶏が好きなんです。好きで好きでしょうがないんです。小学生のころから、いつも鶏を飼っていました」と、先生は身を乗り出すように語る。

中学生になっても鶏好きは止まらない。趣味で飼っていた鶏が増え、九州経理専門学校を出ると同時に鶏の産んだ卵を抱えて行商に出るようになる。

「経理学校に入ったものの、鶏好きが昂じて、数も増えたものですから、卵を売って歩くようになりました。多いときはそうですね、200羽はいましたかねえ」

鶏の話になると、森安先生の目がきらきらと光る。子供のころの目に戻るのである。

歩きから始めた卵売りが自転車になり、バイクになる。やがて軽トラックで販売するようになり、事業は順調に拡大していく。

■衝撃を受けた志岐誠哉先生との出会い

猛烈にビジネスに打ち込んでいた先生が、心の世界を知るきっかけになったのは、志岐誠哉先生との出会いであった。志岐先生はすでに有名な霊能力者であり、西洋医学では完治できない難病を癒すことで知れ渡っていた。

「義理の兄嫁が原因不明の痛みや震えに襲われましてね。大変世話になった方なものですから、有名になっていた志岐先生のところに連れて行ったわけです」と、森安先生は思い出しながら語る。

「あのときは驚きましたね。本当に痛みがなくなり、体が自由になっていくんですよ」

志岐先生は大正13年6月10日、長崎市に生まれ、昭和17年に旧制中学を出て拓殖大学に進む。戦後、布団業を開始するとともに、心霊の研究に着手。昭和50年頃から心霊現象を経験するようになり、病気治癒の力を授かった。

志岐先生の能力を目の当たりにして、森安先生は自分自身の治癒もお願いすることにした。「その頃、私は心臓肥大、腰痛、膝痛などに悩まされており、なんとかしたいと考えていました」

志岐先生の療法により、それら病気の苦しみから解放される。

「先生はずいぶん忙しくしておりましたな。本業の布団屋に手が回らないとこぼしておりました」先生宅には全国各地から電話相談、また直接の自宅訪問が殺到していたのである。

そこで、森安先生は貴重なアドバイスを受ける。「あなたも心の勉強をしなさい」という言葉であった。

このとき初めて、別の世界があることに気がついた。等しくこの世に生まれてきたのに、なぜ幸せな人と不幸な人がいるのか、健康な人と病気の人がいるのか、これら根底には「心」があるのではないか……。

■先祖に感謝し供養すること

森安先生は知人友人を紹介しながら、その模様を眺め、方法を取得していく。同時に心の勉強を本格的に始め、仲間とともに知識を広げていった。

病気治癒の善行を続けているうちに、病気、特に痛みには二つの原因があることがわかってきた。一つは「死霊」、もう一つは「生き霊」である。

死霊とは死んだ人の霊、ほとんどがその人の先祖の霊と考えて間違いない。その先祖が苦しみ、その苦しみが患者の痛みとなって現れているのである。「その方の先祖を呼び出してもらいましてね。一緒に心の勉強をしていた女性霊能力者の方が、先祖に代わって話してくださるんですよ。これなどを通じて、先祖が大変大事ということがわかりました。先祖は、今の私達にとても大きな影響を与えることがわかってきたのです」と、森安先生は強調する。

「先祖はいつも私達を見ています。自分の経験や女性霊能力者の力を借りて、これを確信しました。先祖の方々は大変義理堅く、私達を支えてくれます。必ず大切にしなければなりません」

大切にするとは、感謝することである。具体的には、朝は仏壇に手を合わせて「いつも見守ってくれてありがとうございます。大変感謝しております。もし私に至らない点がありましたら、どうぞご指摘ください。今日一日よろしくお願いします」と祈るのである。就眠前も、今日一日を感謝することが重要となる。

■争わず周囲と和解すること

もう一つの痛みの原因が生き霊である。これは生きている人間から受ける恨み、妬み、憎しみなどのことだ。人間関係の争いで発生する邪悪な感情が、生き霊となって人に取り憑き、痛みや病気となるのである。

「生き霊は本人が取り除くしか方法がないのです」と、森安先生は語る。

怨念は恨む相手の体を痛めるだけではない。怨念を飛ばした人間をも苦しめる。「あるときひどい頭痛で、助けてくれと頼まれたときがありました」と先生は振り返る。

神奈川に住んでいる40代の男性からの電話であった。電話だから相手の顔も体つきもわからない。

電話の向こうに祈りを捧げて、一時的に痛みは取れたものの、すぐに元に戻ってしまう。

そこで男性に話を聞くと、うまくいっていない同僚がいるという。やはり男性である。相手の同僚も体を壊しているようだ。その同僚と仲直りしなさいと先生はアドバイスする。男性は渋ったが、それがいやなら頭痛に苦しめられていくことになる。あるいは、会社を辞めてしまうかもしれない。いずれも男性は選択が困難であった。

結局アドバイスに従い、同僚と和解することになる。これによって頭痛は確実に軽くなったという。

■素直に誠実に生きること

先生は取材中「先祖を大切にすること」「周囲と和解し感謝すること」を、何度も強く訴えた。

先祖に関しては感謝し供養すること。周囲への和解でも、とりわけ重要となるのが「家族」である。親孝行することで、自分も子供から尽くしてもらうことができるようになる。

兄弟・姉妹、親戚とも和合していくことが健康で幸せな生活には欠かすことができない。

そして争いごとや憎しみの心を持ってはいけない。素直な心、感謝の心、反省の心を忘れてはいけない。

「邪悪な念は病気となって体に現れます。痛みもそうです。不眠もそうです。夜中12時から朝方までの不眠は強い怒り、憎しみが原因です」と、先生は訴える。

このような考えをベースに先生は30年近く、さまざまな人の悩みを聞き、改善に尽くしてきた。「世の中、お金ではありません。もっと大事なものがあります。志岐先生をはじめ、私も多くの人に助けられてきました。その恩返しをしているのです」と、先生は力強く語る。

霊界の各専門家が
心身の不調を劇的に改善

癒しの光（いやしのひかり）

Hanae《はなえ》先生

得意とする相談内容：メディカルヒーリング
施術手法：メディカルヒーリング、体質改善ヒーリング、スピリチュアルヒーリング
施術方法：遠隔
時　　間：9：00~21：00　（不定休）（要予約）
料　　金：メディカルヒーリング4000円／（30分）、体質改善ヒーリング各4000円／120分、スピリチュアルヒーリング各4000円／120分、体質改善アドバイス4000円／30分、傾聴カウンセリング4000円／30分、自動書記カウンセリング4000円／30分
※初回無料
※診察は行っていません。
　診察ご希望の方は実際の病院でお受けください。
住　　所：北海道
電　　話：090 - 5984 - 6478
ホームページ：http://www.geocities.jp/iyashinohikari_happy/index.html

現在「癒しの光」で主に行われているのは、霊界のドクターたちが相談者の心身の不調を改善するメディカルヒーリングだ。施術予約の受付を担当するＨａｎａｅ先生は、「私自身が媒体になるのではなく、霊界の専門家が直接お客様のところへ行ってヒーリングをします。私の雑念が入らないため効果が高くなるんです」と話す。

メディカルヒーリングのほか、先生ご自身の守護霊チームが行うスピリチュアルヒーリングも人気が高い。この守護霊チームはリーダーの「貴志さん」、副リーダーの「育雄さん」他、部下２名の計４名で構成され、禁煙・禁酒サポートなどの各施術を行う。このスピリチュアルヒーリングとメディカルヒーリングの大きな違いは、誰が施術者かという点にある。「後者では医療専門家のサポートが必要になるので、神様から臨時で派遣された霊界の医師に手伝ってもらっています」（Ｈａｎａｅ先生）

霊界と強いつながりを持つＨａｎａｅ先生だが、一体霊界とはどんな所なのだろうか。

一般的に「おどろおどろしいところ」というイメージがあるが、「全くそんなことはないんですよ。１年に数回お祭りやイベントがあって、『貴志チーム』がコントを披露することもあるんです」と先生は笑う。ほかにも歌や楽器の演奏など、守護霊や霊界のドクターたち全員で盛り上がる機会が多いというから、実は明るく楽しい世界のようである。

■腕利きの霊界ドクターの施術は効果大！

メディカルヒーリングでは、霊界の医師が

普通の人には「見えない注射器や医療機器」を使って霊的に施術をするという形をとる。「人間の身体は形として認識される肉体と亡くなってから使う幽体に分かれていますが、その幽体部分にヒーリングをします。肉体には翌日に効果が反映されることが多いですね」（Ｈａｎａｅ先生）また、施術中は身体を動かしてはいけないため、多くの場合就寝時に受けることが推奨される。

ここで、先生と仕事している霊界ドクターのうち、特に腕が良いという霊界のドクター5名を紹介したい。

①鮫島泰雪《さめじまやすゆき》先生－整形外科霊医。「腰痛のお客様の椎間板に霊的に注射して、変形部分を整えます。霊的な薬液を注入すると痛みがなくなり、潰れた部分もふっくらするので身長が1㎝から1.5㎝ほど高くなったと感じる人もいる。姿勢も良くなってスタイル維持にも役立ちます」。通常、守護霊がエネルギーを入れるスピリチュアルヒーリングだと2時間ほどかかるが、この霊的な注射は30分ぐらいで終わる。「幽体部分に処置をするので痛みはありませんが、翌朝腰がだるくなったり多少違和感があったりする人もいます。起床後身体を動かすうちに血流が良くなり、腰が楽になっていきます」こうした説明は、Ｈａｎａｅ先生が処置前に必ずしてくれるので心配はない。

②松吉先生－美容外科霊医。19歳。江戸時代の元納豆問屋の跡取り息子。親しみやすい人柄。本人は「まっちゃん」という愛

称が気に入っている。先生が行うのは光治療。亡くなってから霊界で医師の免許を取った。江戸時代の人だが、新しい医療技術を使えるのだという。光治療は、しみやしわ、顔のくすみ、リフトアップに効果を示すもので、実際の世界の施術と同様、受ける前にメークをしっかり落とさなくてはならない。また、守護霊の貴志さんが行うエネルギーによるリフトアップと組み合わせると、より効果を実感できるそうだ。相談者からは、「20歳ぐらい若く見られた」「娘と間違えられた」とかなり好評。また、睡眠剤、ビタミン剤、精神安定剤を混合しているという霊的な注射による不眠治療も行っているが、こちらも十分な睡眠を取れるようになるので肌ツヤが良くなると評判だ。

●視力回復、うつ・依存症改善のヒーリングも人気

③フェンネル・アンダーソン先生－脳外科霊医。28歳のイギリス人女性で大の日本好き。松吉先生と仲が良く、将棋仲間でもある。相談者の脳に霊的な電気を流して、うつや気分の落ち込み、タバコ・アルコール依存の改善、軽い脳梗塞の血管の詰まりを改善させる処置を施す。これらのヒーリングは定期的に受ける必要があり、3回目ぐらいから効果が現れる。また、霊的な麻酔によって頭がボーッとしたり眠気が出たりするので、やはり就寝時に受けることがおすすめだ。

④白石まこと先生－眼科霊医。38歳男性。霊的なレーザーを使って、眼底出血や加齢性黄斑変性症を改善する。「一般の病院でこの治療を行う場合、不安や恐怖を感じた

り、頭痛、吐き気を伴ったりすることがあります。でも、霊界のドクターは幽体にヒーリングを行うので副作用がなく、お客様に大変喜ばれています。一般の病院で失明するかもしれないといわれた人が、白石先生の施術で回復した人もいるんです」。

⑤藤田まさよし先生－内科霊医、50歳男性でA型。占い、ものまね、ドライブが好き。霊界の医師の中でもお笑い系で面白いドクター。Ｈａｎａｅ先生によると、人間のことをかなり一生懸命考えてくれる熱血漢だという。活躍の場はそれほど多くないが、先生がコレステロール値の検査を受ける人に霊的な注射をすると、実際の検査時に数値が下がったという報告もある。また、足のむくみには、霊的な注射器で水抜きを行う施術もする。

以上5名の施術方法や人柄、またほかのドクターに関しては、ここに紹介しきれない情報がまだたくさんあるため、Ｈａｎａｅ先生はホームページを随時更新する予定だ。「ヒーリングの申し込みの際に、直接私に問い合わせていただければお答えします」

■自分の言動が自分の病気や不幸の原因になる

最後に紹介した藤田先生は、普段は実際の世界で治療を行う内科医の守護霊をしている。数々の診療に立ち合ってきた先生だが、守護霊目線で見ると少し気にかかることがあるそうだ。それは〝医学的な点以外の大切なこと〟を患者に伝える医師が少ないことである。Ｈａｎａｅ先生のホームページに藤田先生の言葉が掲載されているので、一部抜粋したい。

「よく病は気からと言いますが病は自分の気

力だけでは治せません。私が重要だと思っているエネルギー。人いる気とは、相手を思いやる気配りの気です。自分勝手にふるまい相手を傷つければ、それが何年後か何十年後か…刃となって自分自身に返ってきます」

藤田先生があるとき遭遇したのは、夫が高血圧と腎機能障害を患っているのに、妻が生活改善に全く協力してくれないという夫婦。不思議に思い藤田先生が患者の守護霊に尋ねると、夫は若いころ浮気やDVを繰り返したため、年を取って病気になった今、自分が作ったカルマによって妻に冷たくされているのだという。「医学が進歩してもカルマや霊障にまで効く薬はありませんので皆さんも言動には注意して下さい。人に愛情を注ぎ、いずれまたその愛情が自分に返ってくることが病気の根本的治療になるのではないかと私は思います」

Ｈａｎａｅ先生もこの意見に賛同する。

「他人の生霊の念などが体調不良の原因となることもあります。この場合、メディカルヒーリングではなく、霊障を外す施術が必要になってくるのです。藤田先生が言うように、不注意な言動はときに病気や不幸の原因となります。つまり、自分がその原因を作っているのです」

霊界のドクターや守護霊のヒーリングの窓口となってくれるＨａｎａｅ先生の言葉には重みがあり、その存在は大きい。人から恨まれることをせず正しく生きていれば、体や心が弱ったときに霊界から届く施術は、〝癒しの光〟となってくれるだろう。

すべての悩みは過去生に起因している
魂の叫びを聞いて、自ら解決できる人間を育てたい!

ひと晩でピュアなハートに蘇らせる

ソウルリセッター 瑠《る》璃《り》先生

得意とする相談内容：人間関係全般、ご供養
熟年"輝"婚ー20年以上輝く笑顔でおくる結婚生活のこと
施術手法：まほろばヒーリング
施術方法：対面、Skype、Messenger、LINE
時　　間：応相談
料　　金：15000円／120分
住　　所：千葉県市川市
電　　話：070-5670-1413
ホームページ：http://profile.ameba.jp/ridere-ricco/
メールアドレス：niwako512@gmail.com

「『愛と信頼の木』の実を食べることで自分を愛せるようになります。自分を信じることができるようになります。次にその実を他の人にも食べさせるのです。これで赦し合い、人間関係を回復できます」と、瑠璃先生は力強く語る。

瑠璃先生は、悩みを抱える方々の力になりたいと、努力を惜しまない。一方、自分ではひどく不器用な人生を送ってきた。独身の頃も結婚してからも家庭不和があり、暴力や暴言に悩まされた。１９９９年秋、家を出てやがて、離婚することになる。「そのころ住んでいた徳島から原付バイクで神奈川県小田原まで走りました。９日間ほどかかりました」と、今は朗らかに語る。

■「〝わ〟の郷」の構想からヒーラーへ

原付バイクを運転しながら構想したのが、似たような境遇の女性たちの駆け込み寺であった。女性は家庭を出てしまうと行き場がなくなる。受け入れてくれる避難場所が必要ではないか。そこには土や火や水があり、自分探しを支援してくれるカウンセラーやヒーラー、チャネラーも必要かもしれない。

徳島時代には、「いのちの電話」の養成講座を受講し状況はわかっている。悩んでいる人の手助けをしたいと考えていた。

避難場所の名前も考えた。「〝わ〟の郷」である。「和」であり、「環」であり、「我」の郷である。まだ、このころは自分がヒーラーになるとは考えてもいなかった。

転機が訪れるのは２０１１年に出会ったシータヒーリングであった。ヴァイアナ・スタイバルがはじめた世界的なヒーリングの手法である。そのインストラクターセミナー最終日に創始者であるヴァイアナが、参加者一人ひとりにメッセージカードをくれた。瑠璃先生の受け取ったメッセージは「You are an amazing healer」であった。「あなたは素晴らしいヒーラーです」という意味である。未来形ではない。現在形であった。

我知らず、すでに瑠璃先生はヒーラーだったのである。自分の使命は避難場所の建設ではない。ヒーラーとして、悩んでいる人を支援することであると悟った。

■愛と信頼の木

不安はあったが、ヒーラーとして歩むことを瑠璃先生は決心し、セッションの提供を開始した。

そんなある日、瞑想していると「愛と信頼の木の実を広く伝えなさい」という声が天から降ってきた。

巨大なクリスマスツリーのようなものが見え、たわわに実がなっている。その実を食べることで人は愛し、赦し合うことができる。

同じころのことだ。仲間のセラピストに「あなたはご供養する人間だ」と告げられた。死んでも成仏できずにさまよっている多くの魂がある。

あなたはあなたの回りに集まっている、そのような報われない魂を供養しなければならないという。

瑠璃先生は成田山新勝寺へ足を運び、役目を教えられ、供養の手法を身に付けた。ここでも不可欠なのが「愛と信頼の木」の実であった。「さまよっている魂は悔いが残っています。自分を責め、謝罪したいと願っています。その当事者同士が愛と信頼の木の実を食べることで、話し合い、赦し合うことができるのです」（瑠璃先生）。こうして、光の元に還ることができた魂の数は65を優に超えるという。

■「まほろばヒーリング」の提供

「多くの悩みや問題は過去生に起因しています。すべてといってもいいでしょう」と瑠璃先生は断言する。生きている方はもちろん、亡くなられた方も含め、魂が引き継いでいる負の感情・感覚を過去生から解放するのが瑠璃先生の提供する「まほろばヒーリング」だ。

わかりやすい例では夫婦の不和がある。なかには、過去生の恨みを晴らすために出会った夫婦もあるという。これでは円満な家族になれるわけがない。〝魂レベル〟で「愛と信頼の木」の実を食べ、腹蔵《ふくぞう》なく当時の想いを語り、赦し合い癒し合うことで、今世、真に愛し合い、あるいは縁を切ることができる。

家庭内暴力も過去生に起因している。過去生において被害者あるいは加害者であり、その恨みや罪悪感を持っている者たちが「愛と信頼の木」の実を食べることで、わだかまりを徐々に解いていく。

瑠璃先生は、自身の開発した「まほろばヒーリング」を提供するだけではなく、そのメソッドを公開し積極的に伝授している。「他人に頼ることなく、自分の過去生をリーディングし、笑顔で生きる事ができるようセミナーを開いています。悩みは自分で作り出しているもの。答えを知っているのは自分自身なのです」と、瑠璃先生は強く語る。

天使界のメッセージに耳を傾け
高みへ望む方を強力に支援

オフィス・フラワー・オブ・ライフ

SHIHO《しほ》 先生

得意とする相談内容：人生の転機、人生の悩み全般、その他すべて
施術手法：天使界の光のヒーリング
施術方法：対面、遠隔、電話（内容次第）
時　　間：電話受付時間　平日 10：00 ～ 19：00　応相談
料　　金：天使界の光のヒーリング　39000 円／ 180 分、その他
住　　所：奈良県奈良市（近鉄奈良線学園前駅南出口より歩6分）
電　　話：090 - 8533 - 2806
ホームページ：http://floweroflife.main.jp/
メールアドレス：office@floweroflife.m001.jp

カラーセラピーからこの世界に入り、2009年ごろからヒーリングを提供するようになった。「ヒーリングは占いとは異なります。より高い存在からの波動を受けることがヒーリングです。天使からのガイダンスです」と、SHIHO先生は呼びかける。

■天使界から声が降ってくる

熊本・阿蘇・大分の大地震、鳥取の地震、そして、2016年秋に襲来した台風被害。日本のみならず、世界各地で大地震や自然災害が発生している。これを天使界のメッセージは「地球の存在を知らせるためのインパクトです」と告げているという。

さらにメッセージは続ける「あなた方にはアーススターチャクラがあり、これによって地球と接しています。あなた方が磁場を確立することで、私（天使）たちと共同作業が可能となります。

高みへと向かうことは、地に伸びることと同義です。これから先は変動の時代になっています。人生を進化させるためにも、しっかりと地面に足を着けなさい。

今まで体験したことのない変動が始まります。違うレベルに進むために、新たなバランスが必要となります。ヒーリングはその準備として必要となります」と語ったという。

これは取材の直前にSHIHO先生へ降ってきた〝声〟である。本当はもっと長かったが、誌面の都合上、ずいぶん圧縮している。

アーススターチャクラとは、人から離れた下の位置にあり、地中に存在する。そのアーススターチャクラも含めて、人間は磁極を持つ一本の柱である。磁石が一本でN極とS極を持っているように、人間も陰陽のシンボルを持っている。ここにおいて、地球の持つ磁場とのバランスが重要となる。

人はミネラルという鉱石を体内に持っている。ミネラルが触媒となって磁力を受けることができるのである。

「高みへ望むためには足下を固めること。グラウンディングが重要ということです。ヒーリングは光のエネルギーです。『元に戻す』あるいは『リセット』の意味があります。本来持っているプラスに転じるエネルギーがあるのです」と、SHIHO先生は訴える。このメッセージは天使界のサンダルフォンから受け取ったという。

■人生の高みを望む方々をサポート

難解なメッセージが多い。それを耳で聞いたり、手が自動筆記したりする。「常に聞こえるわけではありません。重要となるポイントで降ってくることがほとんどです。メッセージが聞こえるようになったのも2012年ごろからです。このころを境に変化がありました」と、SHIHO先生は語る。

ワークショップも提供し評判となっている。

「天使や高次の存在たちを意識するようになると、毎日がサポートや導きに溢れていることに気づくでしょう」（SHIHO先生）

聞かずともお客様の体調がわかる。オーラを見ることで、具合の悪い場所や施術の必要な場所がわかり、エネルギーを調整する。過去の痛い思いを感じることができるのだという。体に触れるわけではないが、これで目に見えて体調が回復する。

こんな相談者がいた。大手術をして片目を失った人が訪れてきた。視力が半減したことで、生きる気力の大半をなくしてしまった。その方への施術で、驚くほど元気になった。SHIHO先生はヒーリングとカウンセリングを提供し「見る必要のないものは見えなくていいのですよ」とアドバイスした。これで、相談者の人生が変わった。音楽を職業としている方で、復職も実現した。

「私の力で視力が回復したわけではありません。回復したのは生きるエネルギーです。ご自分で人生の扉を開けたのです」（SHIHO先生）

このような重病の方ばかりではない。実に幅広い方が相談に見える。人生の悩みを抱えている方もいる。転機に選択を悩み、深刻な状況に陥っている方もいる。職場の人間関係に振り回されている方も多い。愚痴や不満の聞き役に回っている。

「そんな方々に向けて、天使とともにヒーリングを提供しています」と、SHIHO先生は微笑む。

天使界からのメッセージのように、地球は大きな変動期を迎えつつあり、人には新たなバランスが必要となってきた。そんな中でSHIHO先生はもっといい人生を送りたいという方々を支援している。

「自分らしい人生を送りたい人にサポートしています。人は、自分の能力を最大限に発揮する環境に身を置くことが大事。未来を見据え、新たな時代に向けて、準備を進めてください」と、SHIHO先生はエールを送る。

周りの人の魂レベルを知って上手に生きていきましょう!

天樹の雫

桜花《おうか》先生

得意とする相談内容：ダウンしているパワーを100%にパワーアップ
人間関係の改善、ポジティブに進化、トラウマ解消
気になる人の本音を知る、守護霊、亡くなった方との会話
5年後の自分と会う、うつなど精神の不調や体調不良の回復
施術手法：一般相談、前世療法
施術方法：対面、電話
時　　間：応相談（電話受付時間　9：00～18：00）
料　　金：一般相談　5000円～／120分
前世療法　15000円～／120分
住　　所：福岡県北九州市小倉北区上到津
電　　話：090-9473-7516
ホームページ：http://www.zense-ohka.com/
http://ameblo.jp/zenseohka/（ブログ）
メールアドレス：予約お問い合わせはホームページから

人間は、進化論の一環として守護霊になるために、他のほ乳類から生まれ変わってお り、その生まれ変わりの回数で魂レベル（1～1000まである）がわかる。数百回生まれ変わっている方もいれば、数回目の方もいる。「ほ乳類は何種類もありますが、代表的な狸、きつね、犬、猫もいます」と桜花先生は説明する。このようなユニークな理論を持つ、わかりやすくとても興味深い先生である。

■生きるのが楽になる魂レベルのお話

狸から転生した人は狸のように走って逃げたり、よく狸寝入りする。きつね属は人をだまそうとする。犬のように人なつこい人もいれば、猫のように自分勝手な人もいる。

同じレベルの人は気が合うし、考え方もよく似ている。レベルの低い人は、不浄仏霊の影響も受けやすいので、祓うことによって改善するという。

2016年の夏にこの内容を書籍にして出版したところ、目覚ましい売れ行きを示した。在庫切れになるほどであった。「生きるのが楽になる魂レベルのお話」という題名だ。人間関係に悩むすべての人を救済する目からウロコの解決本として紹介された。

そこには「意識レベルの違いで起こるトラブルへの対応策」「身近な人の意識レベルが違ったとき」「低いレベル150の人への対応策」「魔界の人への対応策」「歴史上の人物のレベル」などの項目が並んでいる。

■レベル150の夫に苦しむ

初めての結婚は23歳の時であった。その4月に知り合って11月に挙式するというスピード婚であったため、夫の本性がわからなかった。結婚して2年目「お前との結婚は間違い、子どももお金もやらないから出ていけ」と言われ、先生は傷つき自立の苦労を味わう。

2回目の結婚が38歳の時である。建設会社を経営している男性で、先生も建設関係の資格を取り夫を助けた。

ところが、ある日業務上謄本が必要になって取り寄せると、見知らぬ女性の住所と子どもの名前があり、勝手に認知していることがわかったのである。

まもなく会社は破綻し、再び先生は自立を迫られた。

サロンを出すためのスピリチュアルの勉強の中で、「魂レベル」を存在を知ったのである。

見ると、自分の2人の夫、ともにレベル150で、1人目が狼、2人目が狸から転生してまもない人間だとわかり、今までの苦労は、このことがわかるためのお試しと気づき、世の中に広げていこうと思ったのである。人間関係に悩む多くの相談者を見ると、やはりレベル150の人間に被害を受けている。

■猫だと思って我慢する?

例えば、こんな相談者がいた。30代の女性である。夫と話が合わず、言葉の暴力はもちろん、時には手を上げることもある。

見るとやはり夫は魂レベル150の人間であったが、子どももおり、離婚は望めない。

「旦那様の魂レベルは150。猫から人間になって8回目の人です。あなたはすでに560回生まれ変わっていますから、わかりあえるはずがありません」と先生は相談者に伝えた。「わかりました。現金をくわえて来る猫を一匹飼っていると思えばいいのですね。スッキリしました」と、帰っていかれました。

理由がわかればあきらめることができる。また、場所を祓うことにより、お酒の量が減り性格もおとなしくなり、暴力はなくなり、ずいぶん改善されてきた。

■うつを解消しパワーアップ

精神的な不調も得意とする。20代女性が会社でいじめられて悩んでいると訴える。
「うつ状態の人や幽体離脱の方からの相談も多くあります。体温の低い人や躓きやすい人は幽体離脱の可能性があります」（桜花先生）
これらの相談者には、うつから出し幽体を元に戻し立ち直ることができるようにパワーを100％に上げる。この娘さんも立ち直り、独立。今では自分でお店を経営している。
「世の中には、さまざまなレベルの方いらっしゃいます。守護霊になるために、色々な経験をします。決して無駄なことは一切ありません。ポジティブに生きていきましょう」

Miracle Gooddess

戸島雅美《としままさみ》先生

得意とする相談内容：開運、制作
施術手法：オルゴナイト制作体験講座、オルゴナイト作家コース、曼荼羅アートファシリテーター自動書記（チャネリング）講座、オーラの見方講座、直感を磨く講座、Osho 禅タロット講座 Osho 禅タロット鑑定、「NLP」＆「うしろの声」カウンセリング、セレナイトソード制作講座 糸かけ曼荼羅講座
施術方法：対面、出張（一部スカイプ、メール対応）
時　間：事前予約　応相談　当日可
料　金：オルゴナイト制作体験講座・自動書記講座・オーラの見方講座　各 8800 円 /2 時間　出張料金 13300 円、オルゴナイト作家コース　5 日間各 2 時間半 10 万円　出張料金 15 万円、曼荼羅アートファシリテーターコース　2 日間計 15 時間　3 万円　出張料金 5 万円 タロット占い　3000 円 /30 分　5000 円 /60 分　出張料金　5000 円 /30 分　8000 円 /60 分、Osho 禅タロット講座　2 日間各 3 時間　25000 円　出張料金 4 万円、「NLP」＆「うしろの声」カウンセリング　10000 円 /60 分　出張料金 15000 円、セレナイトソード制作講座　10000 円 /2 時間　出張料金　15000 円、糸かけ曼荼羅講座　7000 円 /3 時間　出張料金　11000 円　※各種講座はおひとりから、出張は交通費、宿泊費をご負担の上、4人以上で承っております。
住　所：兵庫県宝塚市
ホームページ：http://miracle-goddess.moo.jp/
http://ameblo.jp/howa111/（ブログ）
メールアドレス：remtaro@gmail.com

これほど多彩なメニューを持ち、それぞれに卓越したパワーを発揮している先生も珍しい。独特の輝きと華やかさがあり、関西ではカリスマミセスとしても知られている。

15年ほど前から「うしろの存在」の声が聞こえるようになり、その声に従って2014年から宝塚にサロンを開いた。サロンはたちまち評判となり、参加しているイベントや各地で開いているセッションも盛況だ。リトリートは満席となり、キャンセル待ちとなる。

戸島先生を象徴するセッションに、「オルゴナイト」の制作や体験コースがある。オルゴナイトとは、ピエゾ効果によりポジティブなエネルギーを発生する装置であり、人間に悪影響を与える電磁波を防ぐことができ心身を浄化させ意識を覚醒することができる。

それは、宇宙と高次元への扉を開くツールとなるものである。先生はこのオルゴナイトを制作し、地球の波動を上げるために広めるよう「うしろの存在」から使命を受け、2013年から制作と啓蒙を続けて来た。「これから日本でオルゴナイトが必要になる。本物のオルゴナイトを広めるように」と言われ、まだほとんど誰も知らない時からイベント等で広めてきた。それはやがて東京へと広がり、関西では「オルゴナイトの生みの母」と呼ばれている。

ホームページを見ていただきたいが、極めて美しく卓越したパワーを感じることができる。とりわけ先生の作品は、鮮やかな色彩と美しいフォルムで定評がある。なかでも、エクレシアシリーズと光シリーズは宇宙の存在から作り方を教わったもので、とてもパワフルである。

このほか、戸島先生は講座が多い、この理由を「これからはみなさんご自身が目に見えない存在とつながり情報を受け取り、自分で道を切り拓いていく時代だからです」と語る。今までは専門家を訪問して相談し指示を得ていた。チャネリングもタロット占いもオーラ視もそうである。しかし、これではその先生の主観が入り、惑わされることも起きる。これからの時代は各自が直接受け取って行動を起こす。そんな時代になるのである。

「チャネリングもオーラ視も、もともと人間に備わっている基本的な機能です。それを引き出しているだけです。練習は必要ですが、誰でもできることです」（戸島先生）。これもうしろの存在の指示であった。うしろとは、宇宙の存在、守護霊、ハイヤーセルフ、ガイドなど、あらゆる存在のことである。

「これからは一人ひとりが波動を上げていく時代です。皆さんの波動が地球の波動を上げることにつながっていきます。波動を上げ、一人ひとり、自分らしく生きてください」と先生はメッセージを送る。

※著書に「生き辛さの中から見えてきたスピリチュアル　～オルゴナイト・曼荼羅に出会うまで～」がある。

瀧《たき》瀬《せ》啓《けい》子《こ》先生

得意とする相談内容：霊界の愛と思いの伝達、痛みの発散・解放、波動向上、心身の平穏
本来の自身への回帰、浄化、エネルギーの滞りの解消
施術手法：リーディング（ミディアムシップ、スピリチュアルアセスメント）、ヒーリング（仙骨波動療法、ソーラ・サクラムヒーリング）、カウンセリング、EAV 波動測定
施術方法：対面（出張可）、遠隔
時　間：10：00～18：00（不定休）
料　金：ミディアムシップリーディング 10000 円 ／ 50 分、仙骨調整 3000 円～、仙骨波動療法 10000 円／ 50 分、カウンセリング 10000 円／ 50 分、EAV 測定 15000 円
住　所：埼玉県川口市戸塚東
ホームページ：ブログ　http://ameblo.jp/mediumkt/
メールアドレス：dame.de.coeur.kei@gmail.com

孤独を感じている人が多い。理解されない、愛されていない、生きづらい。そんな方々に瀧瀬先生は「霊界は、目に見えないけれど、あなたのそばにいて、あなたに愛を送り続けています」と呼びかける。

霊界にいる亡くなられた方々は、あなたを癒し、励まし、勇気づけてくれる。霊界にはあなたの指導霊もいて、あなたを導く役割を持ち、あなた自身気付かなかった自分の素晴らしさ、存在する意味、迷いへのアドバイスをサポートしてくれる。

「霊界の愛の大きさを、初めて体感した時、私の人生への意識を変えるほど、衝撃的なものでした」（瀧瀬先生）

「ミディアム」とは、霊界の方々の様子や、メッセージを受け取り、伝えてくれる媒体である。

ご主人を亡くされ、寂しさに加え、心配や後悔に明け暮れていた相談者は、霊界でのご主人の様子にすっかり安堵し、罪悪感から解放された。愛犬とともに、相談者のかたわらにいて、いつも見守っているご主人の姿をお伝えすると、泣き顔も晴れて笑顔が戻り、幸せな思い出話となった。

瀧瀬先生は仙骨波動療法を、感覚と経験をもとにオリジナルな手法を構築し、クリニックでの施術の経験があるほど、確実な技術と実績を持っている。

ヒーラーとしての活動も長い。幼少期から、家族の中での孤立、周囲からのいじめ、自分に生きる価値などないと長年苦しみ続けていた。そんな中、数々の不可思議な現象を体験するうちに、スピリチュアルな世界へと引き込まれていった。

憑依体質の改善や、スピリチュアルな世界への好奇心から、ジャンルを超えた学びと、人生経験を通して、見えない存在の導きで、現在のヒーリングスタイルに至った。

そんな中、自分には何かが足りないと、常に模索していた。そして出会ったのが「ミディアムシップ」であった。「当初はスキルアップのために学ぶ感覚でした。しかし、悲嘆や孤独を抱える方、自分の生きる道を探している方に、霊界からのメッセージを伝えなければならないという使命を強く感じました」と語る。

あなたが、大切な大切な存在であることを知って欲しい。ひとりぼっちではないことを自覚していただきたい。「霊界からの愛を知ることは、自分を愛するきっかけとなります。生きる勇気が湧いて来ます。霊界からの愛をエネルギーに変えて、前向きに生きてください」と瀧瀬先生は訴える。

Vajra《バジュラ》先生

得意とする相談内容： 恋愛、就職、人間関係、家族関係、その他人生全般
施術手法： サイキック、ミディアム、催眠療法
施術方法： 対面、出張、電話・メール応相談
時　　間： 10：00～22：00（受付 9：30～17：00）不定休・完全予約制
料　　金： 10000円/60分～
住　　所： 愛知県名古屋市
電　　話： 090-6580-0534
ホームページ： http://psychicvajra.wixsite.com/vajra
http://ameblo.jp/basara0908（ブログ）
メールアドレス： psychicvajra@gmail.com

癖のない透明なイメージの先生だ。先生の手にかかれば、相談者の悩みの原因が鏡のように映し出され、解決法が天から自然に降りてくる。太古の時代に存在した「巫女」とはこのような女性かもしれない。

相談者のエネルギー、オーラ、潜在意識を霊視し、その状態を伝える。

相談者本人に自分の未来像を見せ、その未来像が本人へとアドバイスする。例えば転職して塾を開校することを計画している男性が相談に来る。はたして成功できるかどうか。すると、Ｖａｊｒａ先生はその男性に講師として壇上に立っている姿を見せる。照明を浴び、ホワイトボードに筆記している男性像を見せる。その未来の男性像は相談者に有用なアドバイスを与える。

悩みを解決する手段として、相談者の過去世を見せることがある。インナーチャイルドを見せ、持って生まれた呪縛から解放する。感情に潜んでいるシミや心の歪みを解き放つ。

相談者のハイヤーセルフを目の当たりにすることも可能だ。ハイヤーセルフとコンタクトして、自分の生まれた理由や目的を聞くことができる。これからどうするべきかもハイヤーセルフが教えてくれる。

このようにＶａｊｒａ先生は自分の現状、未来、過去、ハイヤーセルフをたちどころに示し、先生の感情の入っていない、絶対なるもののアドバイスを提示する。このスピードと正確さにＶａｊｒａ先生の類い希な特長がある。これほど、潜在意識、未来、過去、ハイヤーセルフと自在にコンタクトして、求められる解答を提示する先生を見たことがない。

古神道の手法にも優れ、生まれついて保護してくださる産土神、鎮守神、さらには守護神、守護仏、ご先祖霊にもコンタクトし、リーディングする。

幼少期より、異様に勘の強い子であり、大人から恐れられたという。閉ざしている人の心が読めてしまうのである。この能力を抑えることができなくなり、自分探しの旅と修行を開始し、さまざまなセミナーを受けた。三楽舎の提供するスピリチュアルライフカレッジのミディアム講座もそのひとつである。

やがて相談や鑑定を請け負うようになり、この10年でその数は4〜5万人にも及ぶ。それでいて、大家風の押しの強さは見られない。無味無臭、透明な先生なのである。

大友《おおとも》りえ子《こ》先生

得意とする相談内容：対人関係・仕事・学業・育児などの悩みの解決。前世・使命・適職・縁談・土地家屋の鑑定
西洋医学でも改善が難しい症状の改善。故人やガイドとの交信。浄霊、除霊、その他
施術手法：チャネリング、スピリチュアルカウンセリング、リーディング。エネルギー整体、レイキ、プラーナ療法、クラニオセイクラルセラピー、気骨セラピー（小顔矯正）
施術方法：対面、遠隔、出張
時　　間：平日 8：30 ～ 22：00 終了分まで　休日 10：00 ～ 18：00 終了分まで　不定休
料　　金：スピリチュアルセッション（チャネリング、カウンセリング他）　12000 円～ /60 分～、ヒーリングトリートメント　10000 円～ /60 分～、各種講座（チャネリング、密教、エネルギー整体、レイキ、プラーナ療法、その他）お問い合わせください。出張費は地域によって異なります。
住　　所：東京都調布市
ホームページ：http://leiya.la.coocan.jp/
メールアドレス：leiya@mbe.nifty.com

間口の広い先生である。お客様がどこに向かって歩んでいけばよいかの指針を確立し、人生を充実させ豊かにしていくための幅広い方法がある。まず、チャネリングやリーディング・霊視によりお客様の問題の原因や解決を阻むブロックを探る。これらを特定するだけに終わらず、人生が好転するための鍵と、具体的な方法を探求する。その手法は、スピリチュアルなアプローチだけでなく、コーチングなどの現実的なものも含む。「複雑に絡んだ問題は、現実的な側面からのアプローチも必要です。そしてスピリチュアルな側面として前世からのトラウマ・カルマや、潜在的な感情・思考の癖などをリーディングし、現実面と非現実面とをかけあわせて考察すると、はっきりした答えが見えてきます。そしてそれは、違った原因かに見える複数の問題の共通の答えであることが殆どです。この「共通の答え」を紐解くことが、原因不明の体調不良や医学でも改善しない症状を好転させ、運気が上昇し、多くの『恵み』を引き寄せることになります」と断言する。解決をはばむものに霊障があれば、除霊、供養もし、身体のケアが必要であれば、ヒーリングやトリートメントも行う。こうした先生の向こうに、さまざまなお客様が見える。恋愛や人間関係、転職・天職、子育て、体調不良、霊障……。母親と一緒に来た娘さんが次から一人で来て、親や教師には言えない悩みを相談していくこともあるという。

さらに特長となるのは、自分で自身の問題を解決できるためのクラス（講座）を豊富に提供していることだ。身体のセルフケアや症状改善のためのクラス、自分でチャネリングできるようになるためのクラス、気の流れを整えて心身のバランスをはかるクラス。密教までもある。

「私どもの役割は単に霊視することではなく、表面には浮かんできにくい原因を究明して、大難を小難にし、小難を吉に転じさせる道を探り、その道を進んでいただけるようにサポートすることです。それができなくては、どんなに霊視能力があっても何も成しえません」（大友先生）

「どなたも、ワクワクしながら素晴らしい人生を楽しんでいくことはでき、それを許されて生まれています。つまり、どなたにも平等に、幸せになる権利があるのです。最大の幸せに向けて、多くの恵みを手にしていきましょう」と先生は呼びかける。

加藤正広気功整体院

加藤正広《かとうまさひろ》先生

得意とする相談内容：心因的な疾病、原因不明の体調不良、本来の自分への回帰、心身のコントロール
あらゆる肉体の不調・痛み、霊的相談
施術手法：気功整体、オーラソーマ
施術方法：対面
時　　間：9：00～12：00　14：00～19：00（最終受付）　不定休
料　　金：完全気功　3000円/10分、完全気功整体　10000円/50分、オーラソーマ　7000円/60分、気功整体30分+オーラソーマ60分　14000円　（担当　気功整体：加藤正広　オーラソーマ：加藤佳子）
住　　所：〒151-0051　東京都渋谷区千駄ヶ谷5-15-13　千駄ヶ谷エレガンス1F
電　　話：03-6380-0167
ホームページ：http://katomasahiro-kikou.com/
http://ameblo.jp/katomasahiro/（ブログ）
メールアドレス：お問い合わせはホームページから

特殊な能力と独自の理論を持ち、整体院を営む気功師である。いろいろな病院や鍼灸・整体院でさじを投げられたお客様が多く「他で改善できる方なら、当院は必要ありません」とさえ加藤先生は断言する。

お客様と向かい合って、あるいは向かい合う前から「この人は何を望んでいるのか」が見える。例えば健康になりたい方でも、健康になるために不健康を体験している方がいる。そのような方には「十分不健康を経験しているから、これから快方に向かいます」と教え納得すると、実際に改善していくという。

本人が意識していなくとも、自分の体調不良を通して何かを訴えようとしている方もいる。それを諭し、自分自身で理解することで、体調不良が癒されていく。自分の考えたストーリーにとらわれて、もがき続けている人が多いという。

「悩みの原因は自分にあります。改善を妨げている原因が自分にあることを自覚すること。これができれば、ほとんどの人がよくなっていきます」と説明する。

このような能力を身に付けたのは10年ほど前のことになる。まだ他の整体院で修行中のころであった。

「自分とお客様がつながっていることに気が付いたのです。人間は皆同じ生命体で、基本ひとつなのです。これに気が付いた瞬間、お客様の考えていること、あるいはお客様自身で見えないことも、手に取るように見えてきました」（加藤先生）

例えば、お金が足りない、貧乏から抜け出したいと悩んでいる方がいる。そんな方はすでにお金持ちになる「気」を持っている。エネルギーといってもいい。それがあるからこそ、現状に不満を持っているのである。お金持ちになりたいと望むこと自体、すでにお金持ちになる資格がある。先生は、自分はお金持ちになるにふさわしいという「気」を増幅させる。お客様もそれに気が付くことで、お金を引き寄せていくようになる。

この加藤先生の能力は既存の整体院では生かし切ることはできない。そこで、今の場所で自分の施設をオープンさせた。先生の能力はたちまち評判となって、今では4カ月先まで予約が一杯になっているほどだ。現在では日本各地でセミナーを開催しており、これも大変好評である。

ア・ライトハウス

AYU《あゆ》先生

得意とする相談内容：相手の心の読み取り、結婚、仕事、健康、生き方
定期的にくる気分の波、苛立ちへの対処法と改善
高運気の高め方、運気のバランスが不安定な方へ高運気の高め方
怪奇現象、霊的障害への対応と改善
施術方法：対面のみ※対面した方は二回目以降電話、line相談可能
時　間：通常営業11：00～18：00　時間外営業18：00～20：00
料　金：3000円～／20分
住　所：〒252-0143 神奈川県相模原市緑区橋本6-13-7,102
電　話：042-855-9336
ホームページ：http://alighthouse.jp/
メールアドレス：a.lighthouse@jcom.home.ne.jp

相模原市橋本にある「ア・ライトハウス」は単なる占いサロンではない。一人ひとりが持つ悩みにしっかり耳を傾け、根本から一つひとつ原因を探り解決へ導く。お客様の心に寄り添い、原因・結果・対処法まで紐解いていくことで、真の解決を実現する。

結婚、仕事、生き方、健康、一生懸命なのにうまくいかない、何をどのように改善、がんばれば良いのかがわからない。このような、なぜか改善できない悩みを、①メンタル心理カウンセラーを学んだ経験、②ダウジング手法、③独自の霊的感性で対応し、解決へと導く。

「私のモットーは、いかにして悩みの根源を改善するのかということに尽きます」とＡＹＵ先生は訴える。当然ながらクライアントに対して必要な情報であれば「良し悪し」は関係なく伝える。もちろん、個々人の性格気質を深く読み取りながら伝えることになる。

「ア・ライトハウス」を利用する方の中には、ご自身で占いをする方もいるが、先生の場合は、占いだけではなく「霊的、直感」が感じられ、その的中率の高さに驚いている方も多い。

「相手の考えを知ることで対応が立てやすくなったという方もいます。関東周辺の占いサロンを回ったが、やっと巡り会えたなどのお便りを数多く頂戴します」（AYU先生）

悩みの根元を読み取るセッションの中で、自分自身で苦しみを深め、悩み続けている方が多い。本質、原因はすぐ手の届くところにあったり、自分自身だったりする。それに気が付かないから悩みを生むのかもしれない。

全国でも唯一の占術スタイルでは「相手のイジワル度」から、亡くなった方とのある種の交信・交流など幅広く提供している。現実にはわかりにくいスピリチュアルな感覚も、サロンオリジナルパワーストーンを通して実感することができる。例えば、石の色の変化、亀裂、質感、弾けるなどの現象は天然のパワーストーンの証といえる。人対人に相性があるように、ストーンにも相性があり、相性を見極めたり、起きているトラブルの源を見抜くことで人も石も本来の力を発揮する。

当然ながら、健康、仕事、恋愛などの運気を高める手助けにもなる。さらには自分自身の正しい選択により、良い出会いへとつなげていくことができる。

「出会いと御縁を大切にしています」と、最後にAYU先生は呼びかけた。

気エネルギー施術院

石本宏《いしもとひろし》先生

得意とする相談内容：人体のあらゆる疾患に対応、腰痛、膝痛、首痛、肩こり、アレルギー、花粉症、アトピー、リューマチ、がん、不妊症、冷え性、糖尿病、高血圧、統合失調症、認知症、うつ、ストレス、その他
施術手法：気エネルギー療法（超療術）
施術方法：対面、遠隔
時　　間：10：00～13：00／15：00～19：00（予約制　電話は18：00まで）
定休　日・月・木・祝日・お盆・年末年始
料　　金：8000円／約50分、25回以降6000円（25歳未満の学生、子供は6000円）
住　　所：〒657-0028　神戸市灘区森後町2丁目1-10サンビルダー六甲駅前202号
電　　話：078-854-4861
ホームページ：http://ki-energie-sejyutu.com/index.html
メールアドレス：予約・お問い合わせはホームページから

「気エネルギー療法」という特殊な療法を提供する。宇宙に満たされているエネルギーを術者が注入することで、心身のあらゆる疾患を正常に回復させる。

人類も含めてすべての動植物は宇宙のエネルギーによって誕生し存在している。このエネルギーを特殊な能力をもつ術者が「正常になれ」と思うことで、たちどころに正常になる。創造主がつくった本来の姿に戻る。これからもわかるように、気エネルギー療法は疾患の種類を選ばない。

身近なところでは腰痛や膝痛がある。術者が相談者に「正常になれ」と思った瞬間、骨のずれはなくなり、痛みも消える。椎間板ヘルニアにも有効だし、膝の半月板のズレにも効果がある。

難病といわれているがんや腫瘍にも対応する。がんや腫瘍は人にとって不要なものである。「なくなれ」と術者が思うことで、たちまち症状が消えるという。

肉体的なものばかりではない。精神的な疾患にも目覚ましい実績がある。例えばうつ、ストレス、トラウマ。「これらの原因の多くは霊障に関係することも多いです。気エネルギー療法には除霊により、これら症状を改善することができます」と、石本先生は強調する。

最近多く指摘される生活習慣病、認知症、統合失調症にも効果がある。「西洋医学は戦争を背景に発達した治療法で、即効性を重視しています。そのために投薬や手術に頼っており、生活習慣病等の慢性病には無力です」（石本先生）。投薬治療は一時的に押さえ込むだけで、副作用が避けられない。しかし、気エネルギー療法では、原因の根本から正常にするのでこのような副作用はあり得ない。

Oリングテストにより、原因を特定し、「気エネルギー」を注入する。「気エネルギー」というと、気功と同一視されがちだが、気功師は体内で「気」を発生させる。気エネルギー療法は宇宙から取り込み、注入、改善する。

石本先生は施術だけではなく、伝授も積極的に展開し、月に1回のセミナーを開催している。

また、気エネルギー療法の認知と啓蒙のために、書籍も出版している。それが「なぜ、あなたの身体の痛みは治らないのか」（ルネッサンスアイ）、「生活習慣病はあなたも治せます」（ルネッサンスアイ）、「驚異の気エネルギー療法」（現代書林）である。

「ようこそ気エネルギー施術院へ。超療術により、他のあらゆる治療法より数倍から無限大の速さで改善できます」と先生は呼びかける。

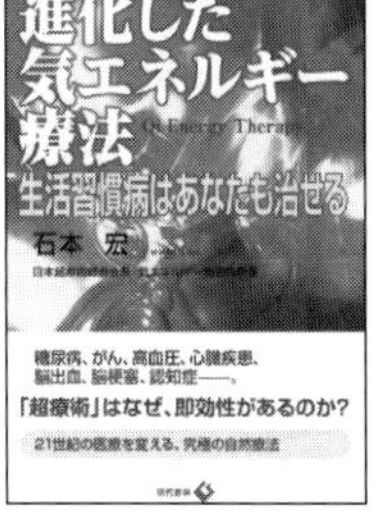

Salon　マドンナリリー

友紀《ゆうき》先生

得意とする相談内容：恋愛・相手の気持ち・不倫・復活愛・結婚・年の差恋愛・思念伝達・時期（過去・現在・未来）・人間関係・仕事・適職・家庭・子育て・進路・人生相談
施術方法：霊感・霊視・マルセイユタロット・西洋占星術・東洋占い・姓名判断・波動修正
施術方法：電話・対面・出張
時　　間：不定休　※要連絡（電話受付 7：00 ～深夜 1：00）
料　　金：電話鑑定　160 円／ 1 分間
マドンナリリーリーディング（対面）15000 円／ 60 分
ミディアムシップチャネル（対面）12000 円／ 30 分
姓名判断鑑定（対面）　10000 円／ 60 分
改名　31000 円
赤ちゃん命名　35000 円
マドンナリリー・エンジェル（エンジェル体験レッスン）13000 円
マドンナリリー・エンジェル・セラピスト（エンジェルレッスン）81000 円
※エンジェルレッスン出張費、その他は HP 参照
住　　所：〒106 - 0045　東京都港区麻布十番 1 - 2 - 7　ラフィネ麻布十番 701 号室
電　　話：080 - 4893 - 8899
ホームページ：http:/www.madonna-lilium-crea.com/
メールアドレス：pearl@mymelody.jp

電話鑑定を中心に相談を受けている。「先生と呼ばないでください。友紀さんでお願いします」と明るく朗らかで気さくな先生である。

それでいて、実績は十分。すでにこの道約10年。

鑑定人数は7000人以上、回数に及んでは一万回をはるかに超える。

よく当たるのはもちろん、フランクで話しやすい。リピーターに恵まれ、長い付き合いの人が多い。お客様から「飛び抜けているかも」と親しまれている。奇人というわけではない。オープンなのである。

「友紀は13画ですから」と、また笑う。

守備範囲が広いのも特徴だ。霊感・霊視・タロット・西洋占星術・東洋占い・オラクルカード・姓名判断など、さまざまな手法を用いて総合的に鑑定する。

36歳の時、〝天使体験〟をし、その後、

キリスト教の洗礼も受けている。

天使の勉強としてはアメリカの天使博士ドリーン・バーチュー博士公認ATP資格を持ち、前世療法ではアメリカの精神科医ブライアン・L・ワイス博士のワイス・インスティテュート、前世療法プロフェッショナル（JHA）の資格を持つ。

アンジェラ・ハートフィールド認定ミディアムシップ、熊崎式姓名学鑑定家・ネームアドバイザーでもある。

それでいて、決して上から目線ではない。お客様の立場に立ち、願望成就できるように、波動を向上できるよう、親身になって支援してきた。

「占いを日常に取り入れてほしい。些細なことでも相談してください」と呼びかける。

実際、友だち感覚のたわいもない相談事もある。

例えば「今日、友だちとランチに行く予定、イタリアンと和食、どっちがいいかな？」「明日のデートはどこがラッキー？」など。ちなみに後者の鑑定は「夜は×。ドライブなど車関係は思いもよらない結果となりそう。昼は○。屋外にツキあり。オープンテラスのカフェや公園を散歩など、コミュニケーションがとれて愛がますます深まりそう」という具合だ。

中には深刻な相談もある。男性に軟禁されていたお嬢さんを救い出したこともある。

「この時はタロットで『悪魔』カードが何度も出て、『助けて！』という声が聞こえてきました」（友紀先生）。お客様である母親には恩人と感謝された。

自身の天使体験からこの世界に入った。キャリアも長いことから「教えてほしい」と請われ、ワークショップを開くことも多くなった。

霊能力に目覚めたと驚く参加者もいる。

「鑑定や執筆だけでなく、そろそろ教えることも本格化しようかしら」と考えている。

ハッピーラッキーミラクル大仙人
株式会社 高次元宇宙波動研究所 代表取締役
一般社団法人　国際霊主体従協会 代表理事

金子慎司《かねこしんじ》先生

得意とする相談内容：宇宙科学的な真理に基づいたお金の引き寄せ、
人脈／金脈／恋脈をはじめとするありとあらゆる願望引き寄せ、
大仙人の神法・密教秘法・霊能力ですべての問題を一瞬にして解決
施術手法：お金のサイエンススピリチュアル、大仙人エネルギーアチューンメント、マインドブロック解除
未来の記憶をつくるパラレルワールドクリエーション、量子力学と脳機能学に基づいた脳機能・
身体機能のアンチエージング・若返り・活性化
施術方法：面談、電話、遠隔スカイプ、LINE、Facebook 対応
時　間：24 時間 365 日　緊急対応可
料　金：1 件あたり　24000 円～ /60 分、初回相談無料（30 分）、詳細はホームページで
住　所：〒252 - 0312　相模原市南区湘南 3 - 10 - 12
電　話：090 - 2041 - 7921
ホームページ：http://super-daisennin.com/
http://daisennin.com/
http://yaplog.jp/amakawadaiji/（ブログ）
心に器を創り、お金を自動的に惹き寄せる無料ビデオマガジン「お金創造のリアリティー」
発信中!　検索・登録はミラクル大仙人で!
メールアドレス：shinnjikaneko3580@ezweb.ne.jp

スピリチュアル界に突然舞い降りた、とてつもないパワーの持ち主である。「地球唯一のスーパーサイエンススピリチュアリスト」と自称しているが、過剰でも偽りではない。本格的な活動履歴は短いが、十分な実績がある。

セミナーの受講者は3年半で延2000名以上。中でも3名が年収1億円を突破している。1人は健康食品業界カリスマの弟子で、1年で年収が10倍。1億円を記録して、瞬く間に稼ぎ頭になった。

2人目は30代のスピリチュアリストで、金子先生とコラボで仕事されることもある。この方が、1年間で年収が3倍以上に跳ね上がった。お2人は、宇宙秘法セミナーの受講者である。

3人目はWebマーケター。人脈・金脈・恋脈セミナーを受け、人脈と金脈を見事に引き寄せ、年収は3億円を超えてしまった。

金子先生は「企業、経営者、個人を問わず、人間本来のスーパースピリチュアリティ＝無限可能性を開眼させ、顕現させます。これが私の天命です」と断言する。人間の本質は宇宙そのもので、空こそ真理、自我は幻に過ぎない。霊主体従を理解できれば、すべてが可能になるという。

先生自体は元バリバリのビジネスマンで、複数の大企業のマネージャ層を歴任している。だが、満たされることなく、真理を求めているときに、静岡県浅間神社でさくら姫と出会った。

浅間神社に通うになってから、神の声が聞こえ、自分の役割が明確になった。神の声に従ってブログを書くようになり、信奉者が集まった。「霊主体従の真理を理解し、これを広める活動を本格化することにしました」（金子先生）。2016年には退社し、スピリチュアリストの道を歩み、一般社団法人国際霊主体従協会も設立した。そのスローガンは「科学的なスピリチュアルの教育を学校現場へ」である。

超能力養成セミナーも提供しており、短期間で100名のヒーラーを育てている。

ここまで書くと近づき難く感じるが、一般の方が参加しやすい開運神社参拝ツアーも実施している。隔月で首都圏で行っているほか、大阪、富山、札幌、九州でも開催している。開運パワーがみなぎるようになると大好評だ。ホームページで開運神社参拝ツアーを探してみてはいかがだろうか。

天津会（あまつかい）

村山政太郎《むらやままさたろう》先生

得意とする相談内容：心身のあらゆる問題を解決
施術手法：振魂（ふりたま）、神占（しんせん）
施術方法：対面
時　　間：事前の電話予約にて応相談
料　　金：10000円／50分
住　　所：〒177-0041　東京都練馬区石神井町7-9-3
電　　話：03-3995-8515
ホームページ：http://www.m-murayama.co.jp/
メールアドレス：murayama@juno.ocn.ne.jp
※天津会セミナー　毎月第1・3日曜日10：00～15：00　会費3000円
（神通力者になるための心の勉強会です。予約不要。昼食・お茶つき）
新刊「精神の根源は宇宙天にあり」日本住宅研究所発売およびアマゾン

病がレントゲンで見なくてもわかってしまう「振魂」で、心身の不調を改善する村山政太郎先生。多くの病気は、人間関係などからくる神経の疲れが原因となっていると先生はいう。

振魂を使う技法は、指先で相談者の身体をトントンと軽く叩いていくだけ。手が勝手に動き、問題のある部分を探り当てる。そうすると、その場所で手が右か左に回転しはじめ、癒やしていくという。「普通のマッサージでは、身体の血流や気の流れを整えて改善しますが、振魂は悪いところだけに力を与えるので効率が良いのです」と先生。長年の疲れがとれた好転反応により、耐える必要がなくなり、これまで力んでいた力が抜けて身体がだるくなる人も多いという。しかし、その後芯からスッキリした感覚が得られる。

振魂は、また、神様と話ができる能力でもあるという。技法は「神占」といい、何か質問するとその答えが、先生の身体に帰ってくる。日本古来の、イザナミ、イザナギなどの神様とつながる意識を持って話しをすれば通じるのだという。

先生は、霊障でチャンスを失っている人が多いと指摘する。医学ではどうにもならないことで苦労している人を助けることが使命と心得る先生は、絶対に手術が必要と医師に宣告された人々の病さえ改善してきた。相談者の名前と住所だけで憑いた霊が何人でどういう質のものかまでわかるそうだ。

憑いた霊は、金木（かなぎ）という位牌で供養される。これは、日本古来の古神道で用いる手法だ。先生によれば古代日本では、アマテラスより高次の神、タカミムスビノカミですべてを癒やしていたのだという。

神様の力を使っている振魂は、伝えていかなければならない技法だ。「信じる者が必ず良くなる。気持ちの持ち方で開運につながる」ということから、ヒーリングを受けること以上に、セミナーに参加することを勧めている。「セミナーを受けて、自分自身が気づき『気持ちの持ち方』を改善すると、人生から永遠に劣等感がなくなり、自然に自信がつき豊かで幸せな人生をつくれます」と語る。すでに17、18人が先生と同じ神通力を習得し、活躍しているという。

「神様」「古神道」といった言葉が出てくるが、もちろん天津会は宗教団体ではなく、特定の宗教とも関係はない。先生のように神通力を身につけて開運したいと思ったら、是非、セミナーに参加してはいかがだろうか。

ヒーリングサロンあい

米沢《よなざわ》愛《あい》子《こ》先生

得意とする相談内容：自己の成長・変容のサポート、心と身体のトータルな癒し、人間関係、子育て、親子関係、仕事、願望成就、自信をつける・自信の回復
施術手法：セレスティアルヒーリング（公認プラティクショナー）、リコネクション・リコネクティブヒーリング、レイキヒーリング、クオンタムタッチ、気功、アロマヒーリング、リンパヒーリング、ハワイアンロミロミヒーリング、アーユルヴェーダヒーリング、腸もみ、ペットセラピー、ストレスヒーリング、リーディング、カードリーディング、子育て相談、その他
施術方法：対面、電話、スカイプ、遠隔、メール、出張
時　間：10：00～22：00（要予約）
料　金：セレスティアルヒーリング 18000 円／ 60 分（遠隔 15000 円）、リコネクティブヒーリング 12000 円／ 50 分（遠隔 10000 円）、クオンタムタッチ 12000 円／ 50 分（遠隔 10000 円）、リコネクション 54333 円（2 回）、オリジナルロミ 18000 円／ 120 分、アーユルヴェーダー 18000 円／ 120 分、子育て相談 6000 円／ 60 分、その他の相談 8000 円／ 60 分、その他施術の組み合わせによる各コースやオプションあり、詳細ご相談ください。
住　所：東京都八王子市
電　話：090-8729-1107
ホームページ：http://www.jesushand-ai.com
メールアドレス：healing.ai-1107@docomo.ne.jp

「出会う一人ひとりに寄り添い、悩みを解消し、心と身体を癒して、日々笑顔で元気に前向きに過ごせるようお手伝いをします」と、米沢先生は語る。地球のアセンションまっただ中の今、自己成長を望む人たちに、輝しく変容するためのサポートを提供します。

　極めて幅広い相談に対応する。子育てで悩むお母さんへのサポート、人間関係や職場での悩み、願望成就、自己の成長・変容……。「自分の心が平和で穏やかになり、自分自身や周りの人を愛せるようになるお手伝いをしています」（米沢先生）

　この世界に入るきっかけは、ある有名なチャネラーでありヒーラーからの言葉。「米沢愛子は地球を癒す人」と言われたことだという。この言葉に自然に納得でき、大切な役目があることに目覚めた。今まで大事にしていなかった自分自身を大切にして、愛して優しくあげようと決心した。

「自分を大切にして愛せない人たちは、他人にも同じようにできません。自分より、まず人のためとずっと生きてきましたが、これからは自分を心から大切に扱うと決心したのです」と振り返る。

出会う人すべて、日本、世界、地球を癒すことが私の本当の喜びなのだと語る。

米沢先生の代表的なメニューはイギリス人女性トレーシーアッシュが体系化した「セレスティアルヒーリング」である。シリウス、プレアデス、オリオンから、古代シュメール、古代エジプトの神々に渡る、光の根源からの超高速次元エネルギーを用いるヒーリングで、国内でもにわかに注目されている。米沢先生はその数少ない公認プラクティショナーの一人だ。

米沢先生の仕事場所は都内3カ所。

自宅サロン（八王子）：静かな住宅街の一軒家。ぜいたくな空間を独り占めし、心ゆくまでリラックスして癒されることができる。

アーユルヴェーダセンター（学芸大学）：学芸大学にあるサロン「アーユルヴェーダセンター」も利用可能。こちらも静かな一軒家。

スポーツクラブNAS：水曜日と金曜日、12時から22時まで。マッサージルームで対応している。

「日々精進し、愛で人と地球を、これからも癒し清らかな光で満たしていきます。皆様の悩みを聞き、解消できるようサポートしていきます」と先生は呼びかける。

アクアマリン櫻

櫻《さくら》先生

得意とする相談内容：神様のメッセージをお伝えする、亡くなられた方の声を伝える
幸運体質へのサポート、浄化
鑑定手法：スピリチュアル鑑定、霊視、
鑑定方法：対面、電話
時　　間：予約制 12：00 ~ 19：00　不定休
料　　金：スピリチュアル鑑定 3000 円~／ 20 分~（5 分延長につき 500 円）
霊視 13000 円~／ 60 分~（時間、相談内容によって変動あり）
住　　所：〒818-0115 福岡県太宰府市内山 663-6
電　　話：080-4271-6699
ホームページ：アクアマリン櫻【検索】
メールアドレス：sakura-369@i.softbank.jp

4代続く霊能の家系に生を受け、祖父や親も優れた霊感を持ち多くの人が相談に訪れるという環境の中で育った。守護神は水の女神で、龍神系のエネルギーを持つ。

「遺伝子に組み込まれた特殊能力に違和感を持つことはありませんでした」と語る。

信仰深い家系だったことから、先生も神界と霊界のパイプ役となり神様のお言葉を皆様にお伝えする役目を果たすためにこの世界に入った。こう書くと人間離れしているように思えるが、明るく温かい女性である。先生は、目に見えぬ世界も大事にしながら地に足をつけた生き方をしなければならないと訴える。

相談に訪れた方への神様からのメッセージ、魂の声、心の声、先祖の願い、憑いているマイナスエネルギーなどを伝えていき、具体的な生きる指針をアドバイスする。「お客様の魂の成長や、自分を愛しより良く生きるためにどうすればよいか、天からのメッセージを伝えています」と優しく微笑む。

ルビータロットカフェ

ルビーL《エル》先生

「悩みは自分の良い特徴を知らないから起こるんです」と話すルビーL先生。優しい笑顔が魅力的な先生だ。「鑑定でご自身の特徴を知っていただき、それを生かすことで無理のない自分らしい生き方ができるようになります」

先生は命術・卜術・相術を用いて鑑定を行う。〝熟年離婚した女性が先生に新たな男性との出会い方や相性を教えてもらい、幸せを掴んだ〟〝上司との関係に悩む女性がアドバイスにより仕事以外の人生も順調になった〟など、見事な鑑定力で相談者を光の差す方向に導いていく。

また、占い師を育てるスクールも開講。実力派の先生に教えてもらえるまたとない機会だ。詳細はＨＰを参照してほしい。

得意とする相談内容：恋愛、出会い方、結婚
（相談者の）子どもたちの結婚、健康
施術手法：西洋占星学、タロット、手相、風水
施術方法：対面、電話、メール、スカイプ
時　　間：対面　随時（要予約）、電話　8：00～23：00
料　　金：対面10000円／60分（プラス20分の「弱点を生かす風水鑑定」付き）、電話4000円／20分（延長200円／1分）、メール5000円、メール＋手相写メール8000円
住　　所：〒165 - 0024　東京都中野区松が丘1 - 22 - 1 - 102
（第1水曜日はミクセリア占いサロン 渋谷店にて鑑定）
〒150 - 0011　渋谷区東1丁目3 - 1　カミニート1階
電　　話：090 - 1674 - 9823
ホームページ：http://www.ruby-tarotcafe.com/
http://ameblo.jp/tarottoruby/　（ブログ）
メールアドレス：tarottoruby@yahoo.co.jp

占いサロン　るみなりえ

リリーマリンカ先生

広島を拠点に大勢の生徒に占いを教えたり、人生の相談に乗っている。テレビやイベントにも出る。厳しいこともいうがそれでも優しく、長く付き合える占い師として、多くの人に慕われている。

月に一回のお茶会サロンも好評だ。占いに気軽に触れあうことができるし、近況を報告し親睦を深めることもできる。

神秘学研究科の先駆者ルネ・ヴァンダール・渡辺氏に師事し、若干19歳でプロデビュー。後輩にも恵まれ、多くの後継者を育ててきた。「つらいことがあっても一緒に頑張りましょう」と呼びかける。

得意とする相談内容：恋愛、結婚、就職、転職、進路、離婚、不倫、不動産
鑑定療法：タロット、西洋占星術、密教占星術、手相
鑑定方法：対面、電話
時　　間：10：00～20：00
料　　金：一般鑑定　15 分間　1500 円　1 分追加ごとに 100 円追加
住　　所：730 - 0011 広島市中区基町 11 - 5　和光紙屋町ビル 1 F
占いサロンるみなりえ
携帯電話：090 - 4655 - 6956
ホームページ：http://ameblo.jp/lilymarinca/
http://www.sunmall.co.jp/?page_id=128
メールアドレス：tisaneco@icloud.com

スピリチュアルライフカレッジ
山影《やまかげ》青生《あおい》先生

日本における「ミディアムシップ」の第一人者である。高次元の世界とつながって、霊と交信する。その霊は、降りかかろうとする危険を知らせたり進むべき道をアドバイスしたりする。

ミディアムシップは、高度に体系化された技術で、山影先生はSAGB英国スピリチュアリスト協会に留学して習得した。ここは江原啓之氏が学んだことでも知られている。

山影先生はこの技術を伝えるため、「ミディアムシップベーシックコース」「ミディアムシップアドバンスコース」などのコースを提供しており、すでに活躍している修了生も多い。個人セッションや瞑想会も好評だ。ぜひご体験いただきたい。

※スピリチュアルライフカレッジにて毎月開催中！
第2番目の水曜日19：30～瞑想会　山影ミディアムの書いたメッセージ付。
第3番目の火曜日19：30～コアガイダンス　あなたのガイドからのメッセージを伝えます。

得意とする相談内容：霊界からのメッセージ、マスター・ティーチャー（指導霊）・先祖霊からのアドバイス、魂本来の輝きに沿った生き方を知る、霊的能力の開花、自己防御力の強化、霊的レベルからの体質改善浄化・浄霊、その他各種問題解決
施術手法：スピリチュアル・カウンセリング、指導霊（マスター・ティーチャー）のリーディング、ミディアムシップ・リーディング、ライフガイダンス、スピリチュアル・ヒーリング、オーラ・クレンジング（オーラの強力な浄化）、その他
施術方法：対面、遠隔
時　　間：応相談
料　　金：16000円／45分～
住　　所：〒171-0022　東京都豊島区南池袋2-8-5-202
スピリチュアルライフカレッジ
電　　話：03-6912-8144（FAX：03-5957-7784）
ホームページ：http://www.sanrakusha.jp/event/medium/mnl
メールアドレス：supi@sanrakusha.jp（※お問い合わせ・お申込み専用）

五味《ごみ》彰《あきら》先生

スピリチュアル界の重鎮であり、その圧倒的なパワーと実績は広く認められている。人間よりも仙人に近いかもしれない。

ヒーリングから除霊、浄霊、占い、リーディングのみならず、鍼灸師としても日本トップクラス。お客様層も幅広く、日本を代表する政治家一家のお抱えであり、世間を湧かせた有名女優の結婚にも関わった。

経営コンサルタントであり、ライフアドバイザーであり、請われれば犬猫などのペットにまでヒーリングをする。記者も一年に一度はお伺いして、向こう一年を占ってもらっている。このアドバイスで外れたことがなく、体調不良や厄払いもしてくれる。

得意とする相談内容：ビジネス拡大、経営安定、結婚・恋愛、受験、就職、凝りや痛みの解消、除霊、その他人生全般
施術手法：鍼治療、ヒーリング、占い
施術方法：対面、遠隔
時　　間：10：00～16：00　月曜午前中と木曜日休み　要予約
料　　金：10000円／30～60分
住　　所：〒113-0034東京都文京区湯島3-28-18
アド・ホウムズ704
電　　話：03-6912-8144（予約）

●本書をお読みいただいたみなさまへ

この度は、本書をお買いあげいただきましてありがとうございました。世の中の変化は著しく、情報もどんどん古くなります。
そんななかで変わらないもの。それは、心のあり方により人生が変わるということです。

いつの時代も、抱く想い、使うことば、生きる姿勢で幸不幸が決まるのではないでしょうか？

そのためには、何をするべきか？

幸せになるためには、今起きている出来事の意味、悩みの意味を知ることから始めなければなりません。

一人でつらいときに、本書の先生方があなたに寄り添い、悩みのなかに隠された成長への足がかりを紐解いてくれます。

真の解決へと導く専門家３３人の先生方が、あなたの悩みを入り口に、高次の存在を教えてくれ、幸せへと導きます。

そして、本来のあなたを取り戻し、豊かな日々となることを願います。

なお、本書に掲載しております各先生のデータは、２０１７ 年3月現在のものです。料金、時間等は変更されることがありますので、事前にご確認されますことをお勧めいたします。

あなたにとって最高の先生に出会え、悩みを解決され、すばらしい人生になりますことを編集部一同願っております。

２０１７年3月２５日 第一刷発行

「高次のメッセージを伝えて悩みを解決してくれる 33人 Part1」

「心とからだの悩み解消プロジェクト」特別取材班・編

発行所　（株）三楽舎プロダクション
〒171-0022
東京都豊島区南池袋２-８-５-２０２
電　話　03-5957-7783
ＦＡＸ　03-5957-7784

発売所　星雲社
〒112-0005
東京都文京区水道１-３-３０
電　話　03-3868-3270
ＦＡＸ　03-3868-6588

印刷・製本　モリモト印刷

◎乱丁・落丁本はお取替えいたします。定価はカバーに表示してあります。
ＩＳＢＮ 978-4-434-23033-2　Printed in Japan

三楽舎プロダクションの目指すもの

三楽舎という名称は孟子の尽心篇にある「君子に三楽あり」という言葉に由来しています。

孟子の三楽の一つ目は父母がそろって健在で兄弟に事故がないこと、二つ目は自らを省みて天地に恥じることがないこと、そして三つ目は天下の英才を集めて若い人を教育することと謳われています。

この考えが三楽舎プロダクションの根本の設立理念となっています。

生涯学習が叫ばれ、社会は少子化、高齢化さらに既存の知識が陳腐化していき、われわれはますます生きていくために、また自らの生涯を愉しむためにさまざまな知識を必要としています。

この知識こそ、真っ暗な中でひとり歩まなければならない人々の前を照らし、導き、激励をともなった勇気を与えるものであり、殺風景にならないように日々の時間を彩るお相手であると思います。

そして、それらはいずれも人間の経験という原資から繭のごとく紡ぎ出されるものであり、そうした人から人への経験の伝授こそ社会を発展させてきた、そしてこれからも社会を導いていくものなのです。

三楽舎プロダクションはこうしたなかにあり、人から人への知識・経験の媒介に関わり、社会の発展と人々の人生時間の充実に寄与するべく活動してまいりたいと思います。

どうぞよろしくご支援賜りますようお願い申しあげます。

三楽舎プロダクション一同